中等职业技术学校农林牧渔类

通用课教材

农村应用文写作

人力资源和社会保障部教材办公室　组织编写

于新秋　主编

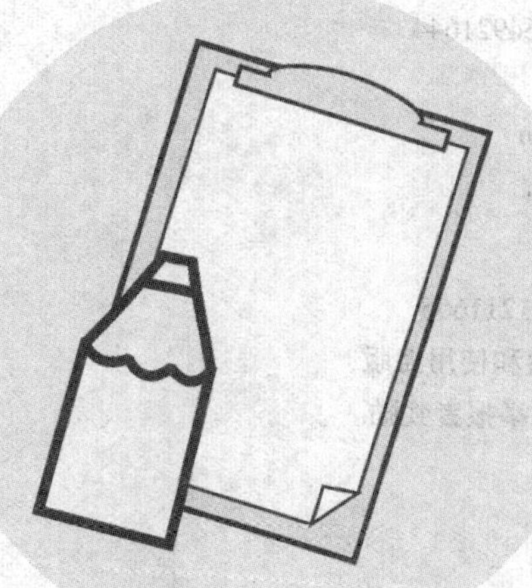

中国劳动社会保障出版社

图书在版编目(CIP)数据

农村应用文写作/于新秋主编. —北京：中国劳动社会保障出版社，2011
中等职业技术学校农林牧渔类——通用课教材
ISBN 978-7-5045-9233-0

Ⅰ.①农… Ⅱ.①于… Ⅲ.①汉语-应用文-写作-中等专业学校-教材 Ⅳ.①H152.3

中国版本图书馆 CIP 数据核字(2011)第 162083 号

中国劳动社会保障出版社出版发行
(北京市惠新东街 1 号 邮政编码：100029)
出 版 人：张梦欣

*

中国铁道出版社印刷厂印刷装订 新华书店经销
787 毫米×1092 毫米 16 开本 12.25 印张 259 千字
2011 年 8 月第 1 版 2020 年 6 月第 10 次印刷
定价：22.00 元

读者服务部电话：(010) 64929211/84209101/64921644
营销中心电话：(010) 64962347
出版社网址：http：//www.class.com.cn
http：//zyjy.class.com.cn

前　言

为深入贯彻落实《国家中长期人才发展和规划纲要（2010—2020年）》和《国家中长期教育改革和发展规划纲要（2010—2020年）》精神，适应建设社会主义新农村、加快发展现代农业的需要，加大培养适应农业和农村发展需要的专业人才力度，人力资源和社会保障部教材办公室组织了一批教学经验丰富、实践能力强的教师与行业专家，在充分调研、讨论专业设置和课程教学方案的基础上，编写了农林牧渔类相关专业系列教材，共涉及种植、养殖、农机使用与维修、农村经济管理、农村能源开发与利用等专业，将于2011—2012年陆续出版。

本套教材具有以下特点：

第一，以满足农业生产为主导方向，以培养学生实践能力为基本原则，在合理确定学生应具备的能力结构与知识结构基础上，对教材内容的深度、广度进行了科学设计，并突出了实践性教学内容。

第二，根据农村经济和农业技术发展的趋势，尽可能多地在教材中充实新理念、新知识、新方法和新设备等方面的内容，力求使教材具有鲜明的时代特征，满足新农村建设的需要。

第三，在教材的表现形式上，尽可能多地采用图片、实物照片或表格等将知识点、技能点生动地展示出来，力求给学生创造一个更加直观的认知环境。

本套教材的编写得到了黑龙江省人力资源和社会保障厅以及黑龙江技师学院、黑龙江第二技师学院、哈尔滨技师学院、佳木斯职教集团、哈尔滨劳动技师学院、中国一重技师学院、黑龙江机械制造高级技工学校哈尔滨分校、五大连池技工学校、黑龙江农业职业技术学院、黑龙江农业工程职业学院等一批技工院校和职业院校的大力支持，教材编审人员做了大量的工作，在此，我们表示衷心的感谢！同时，恳切希望广大读者对教材提出宝贵的意见和建议。

人力资源和社会保障部教材办公室

2011年7月

本书编审人员

主　　编　于新秋

副 主 编　林涛

参　　编　李康　李晓玲　刘慧　单晶

简　介

本书从农村实际出发，本着“淡化理论，突出实务”的原则，将新时期农村常用应用文总结归纳为七大类、三十七种，系统介绍了这些应用文的概念、内容、写法及格式并附有参考例文，部分章节还附有知识链接，具有较强的针对性、规范性和实用性，可供广大农村基层组织的管理者和广大农村群众学习和应用。本书具有以下特点：

一、通俗易懂。理论知识讲解和范文选取都贴近农民朋友的文化水平，表述简洁明了，深入浅出，便教易学。

二、学以致用。紧贴农村实际，注重培养实践能力。

三、内容全面。为农民朋友提供最大方便，全方位满足农村应用文写作需要。

本书由于新秋任主编，林涛任副主编，李康、李晓玲、刘慧、单晶参与编写。

目　录

绪　论

一、农村应用文的概念

应用文是人们在工作、学习和日常生活中普遍使用的一种实用性文体。它是国家机关、社会团体、企事业单位和人民群众在工作、生产和日常生活中处理公务及个人事务时所使用的具有直接实用价值和一定惯用格式的文章的总称。

农村应用文是应用文的一个分支。凡是以农村中各种活动（包括工作、生产、生活、交往等）为主要内容，在农村各种活动中经常使用的具有某些惯用格式的应用文，就叫农村应用文。

二、农村应用文的种类

农村应用文广泛应用于农村的各个领域，因性质、适用范围、目的、格式各有不同，因此从不同角度、按不同标准有不同分类。

从农村实际情况出发，按照农村应用文的适用场合可将其分为农村事务性文书、农村社交礼仪文书、农村传媒信息文书、农村行政文书、农村契约文书、农村生产经营文书、农村法律文书。

三、农村应用文的特点

农村应用文具有以下特点：

第一，在长期的使用中，农村应用文形成了固定的格式和写法。许多农村应用文，尤其是行政文书，格式比较固定。而有些农村应用文，如计划、总结，虽无绝对固定格式，但都有大致的章法。这种固定的格式是在长期实践中约定俗成的，因而写作时必须遵照。

第二，农村应用文的语言通俗易懂、简明扼要。虽然有些文章写得生动活泼，但一般叙述简洁、用语准确，不采用文学描写的方法。

第三，内容真实可靠。应用文是为交流思想、传达信息服务的。应用文内容只有真实可靠才会使人相信，否则便是无稽之谈。在这方面，应用文与文学作品有很大不同，文学作品允许虚构和想象，而应用文不允许这样做。

四、农村应用文的作用

农村应用文在农村中使用的频率很高，涉及生产、生活、学习、工作和交往等方面。比如，上级机关指导工作，需要用行政文书；房屋、果树等的买卖，需要用合同、协议；打官司，需要用诉状；即使某个人生病了，不能上班、上学，也需要写请假条。应用文在农村的用途，远比其他文体多得多。

在中国特色社会主义市场经济条件下，农村应用文已成为村干部、农民日常工作、生活和学习中不可缺少的一个重要工具。它的作用在于可以宣传国家的政策、方针和路线，把上级的指示和精神贯彻下去，鼓励先进，鞭策落后；也可以作为联系和沟通的纽带，提高工作效率；还可以改进工作，不断总结经验和教训；一些重要的文书还是宝贵的资料和凭证。

第一章　农村事务性文书

学习目标：

◆了解常用的农村事务性文书的特点。

◆掌握便条、日常书信、申请书、建议书、计划、总结、竞聘演讲稿的写作要求，并能按其基本格式写作。

◆能够正确填写简历、书写求职信，能够按启事的基本格式写作。

农村事务性文书，有时被称为“常规文书”，是指除行政公文之外的，国家机关、企事业单位、社会团体和个人在处理日常事务时，用来沟通信息、安排工作、总结得失、研究问题的实用文体，是应用文写作的重要组成部分。

农村事务性文书种类多样，用法灵活、简便，使用价值突出，具有以下特点：第一，制发程序、行文格式无严格规定；第二，本身不具备法定权威；第三，使用频率高。

本章着重讲述便条、日常书信、申请书、建议书、简历、求职信、启事、计划、总结、竞聘演讲稿等日常生活中经常使用的文书。

第一节　便　　条

一、便条的概念

便条是用来向别人说明事项的一种简便的书信或通知。它不用邮寄，而是直接面交、托人转交或留置交与。农村常用的便条有请假条、留言条与托事条等。

二、便条的写作方法

1. 请假条

请假条是因事或因病不能出勤，向单位、组织或领导请求给予假期的便条。

（1）请假条的写作方法。请假条的格式通常由标题、称呼、正文、祝颂语、署名和日期六个部分组成。

1）标题。居中写“请假条”即可。

2）称呼。不必用敬语，平时怎么称呼就怎么写，写时要顶格。

3）正文。直接写明请假的原因、起止时间（请假天数的数字一般要用汉字书写）；如有其他事情需要交代，可另起一段。

4）祝颂语。一般在正文写完后另起一行空两格，写“此致”，再转下一行顶格写“敬礼”（后面不加标点符号）。

5）署名。署名写在正文的右下方。

6）日期。另起一行在署名的下面写上日期。

（2）写请假条的注意事项。写请假条需要着重注意以下几点：

1）请假条内容较少的，不用分段。请假的理由必须充分，要符合有关的规章制度（有些请假条还须经过有关负责人批准才能生效）。

2）语言应简练，不要作无谓的修饰，把事情说清楚就好。

3）如有相关证明，可在请假条中一并提交。（例如：“随附医院诊断书一张”）

例文一

请假条

王老师：

因昨天放学路上将右腿扭伤，需去医院诊治。今天不能到校上课，请假壹天，望予批准。

此致

敬礼

学生　田××

××××年××月××日

例文二

请假条

林村长：

我因送儿子上大学，不能参加“猪的生产与繁殖”技能培训。特请假叁天，请假时间自××××年××月××日至××××年××月××日。恳请批准！

此致

敬礼

村民：于××

××××年××月××日

［点评］

例文一和例文二格式正确，请假内容合理，请假天数具体明确，例文二还标注了请假的起止时间，态度诚恳。

2. 留言条

留言条一般是访问某人未遇时写下的便条。有时替别人接了电话，将电话内容记下来转告，也称留言条。因此，从广义上说，凡因故不能面谈而将有关事项简要地写下来告知对方的便条都是留言条。

留言条的写作格式及要求跟请假条大体一致，但标题可有可无，也不必写祝颂语。署名可以是全名，也可以是小名或外号等，但必须让对方明确知道是谁。日期可写某月某日，也可准确到几时几分。

例文三

留言条

张书记：

原定这周日的村干部会议改在这周六，原因是周日当天村长要上县里开会。周六上午八时在村委会集合，请你准时参加。

闫××

××月××日下午×时

例文四

李会计：

今天上午八点半，××村会计陈××来电话找你有事，说打你手机关机，请你看到此条后给他回个电话。他的电话是×××××××，手机是133××××××××。

高×

××月××日

［点评］

例文三和例文四将要转告的事情交代得很清楚，时间、地点、联系方式等信息让人一目了然。

3. 托事条

请人代办某些事情，但因故不能当面相托，将所托之事留言告知，就是托事条。托事条的写法与留言条相同，要注意的是所托之事必须是对方比较容易办到的，而且预计对方是愿意受托的，否则可能引起一些误会、不快，甚至矛盾。写托事条时需要注意以下事项：

（1）把要求托办的事写清楚。

(2) 请人办事要有礼貌。如顶格写上称呼，托办事情较为麻烦时对受托人先要表示歉意，把托办的事写清楚以后还得表示谢意。

(3) 关系一般或不太熟悉的人，不宜轻易托请办事。要紧的事可以例外。

(4) 字要写得端正、正确，表意清楚，以免因文字潦草或表达不清而误事。

例文五

托事条

杨××先生：

今托我村赵××同志前来拿您代我购买的电脑，请交给他。购买电脑的钱××××元（大写）也请他带给您，请查收。

老朋友　李××托

××月××日

例文六

托事条

刘村长：

听说您明天去省城开会，若方便，请帮我购买一本《花卉栽培技术》，费用请您先代垫，回来再向您付清。有劳大驾，不胜感激！

高××

××月××日

[**点评**]

例文五、例文六中将托办的事情交代得很清楚，也很有礼貌，并且所托之事也是对方很容易办到的。

知识链接——意见条、回条

一、意见条的概念

在工作或学习中，有时看到一些问题需要向有关单位或个人反映，如果不能当面提意见，就可以写意见条。

二、回条的概念

当接到单位或个人的邀请或是关于某件事情的通知，需要确认收到信息或表达态度时，就可以写回条。

意见条和回条的写作格式与便条的写作格式基本一致。

例文一

意见条

××镇电管所：

我村的变压器已经坏了三天，村民日常生活受到严重影响，望及时安排工人抢修。

孙×

××××年××月××日

例文二

回条

付镇长：

您派人送来的生产计划平衡会议的通知已收到，届时我一定参加。

此复。

××村村长　吕××

××××年××月××日

练　习

一、简答题

请假条有怎样的格式？写请假条应注意什么？

二、写作题

1. 学校运动会就要举办了。李明练铅球时不小心扭伤手腕，医生建议其不要做剧烈运动。请你代李明写一张请假条给体育老师陈老师，说明李明不能参加运动会训练的情况。

2. 3 月 10 日下午，刘×去找郭×，他想次日和郭×一起参加县里举办的饲养蛋鸡的技能培训，可是郭×不在家。请你代刘×写张留言条，让郭×次日上午 8 点在家等他一起去。

3. 村干部李会计要去北京旅游。请写一张托事条托他办件事，并说说所托事项的可行性及理由。

三、改错题

指出下面请假条的不妥之处。

李老师：

我因病请假，望老师批准。

学生　××

××月××日

第二节　日常书信

一、日常书信的概念

日常书信是相对于专用书信而言的，是朋友、亲戚、家人等私人间的沟通信件。

二、日常书信的写作方法

1. 手写书信的写作方法

日常书信一般包括称呼、正文、祝颂语、署名和日期五个部分。

(1) 称呼。第一行顶格书写对收信人的称呼，称呼后加冒号。称呼什么视写信人和收信人的关系而定，一般是平时怎么称呼，信上就怎么写。对特定的收信人，可以在称呼前面加适当的形容词，例如“尊敬的”或“亲爱的”等。

(2) 正文。第二行空两格写正文。一般以问候语“你好”或“您好”开头，也可以不写问候语。正文写什么完全看写信人的需要，可长可短。如果内容较多，可以分成若干段，重要的先写，次要的后写。如果是回信，则首先要进行答复。

(3) 祝颂语。祝颂语是写完正文后的结束语，多用来表示祝愿和敬意。其用语因人而异，如对一般人可用“此致敬礼”，对好友可用“祝你心想事成”，对长辈可用“祝身体健康”。有时，祝颂语也可以略去。

祝颂语在格式上有三种写法：①作为一个独立的段来写，如“祝身体健康”或“祝心想事成”等。②在正文末段后写“此致”，另起一行顶格写“敬礼”。③正文结束后另起一行空两格写“此致”“祝”等，再另起一行顶格写“敬礼”“心想事成”等。

(4) 署名。在正文右下方署名。给熟识的人写信署名时，可以只写名不写姓；给不相识的人写信时，姓名要写全；给自己的晚辈写信时不署名，只写“父（母）字”或“祖父示”等即可。此外，可根据与收信人的关系，在署名前写上“爸爸”“妈妈”“好友”“学生”“弟”等，在署名后可写上“字”或“谕”（对晚辈）或“敬启”（对长辈）或“谨启”（对平辈）等字样。

(5) 日期。日期写在署名的下一行，有时可连上写信的地点，如“×年元旦于×村”。

信写完后，如果有话要补充，可写在后面，一般用“又及”或“又启”（后面加冒号）等字样提示。补述语不宜过长。

例文

亲爱的××：

你好！2011 年 3 月 23 日的来信已收到。很高兴获悉你将于 4 月 25—30 日到访婺源，希望以下信息可以帮助你在我的家乡过得愉快。

首先，婺源自古即为徽饶古道必经之地。周边有著名旅游景区庐山、黄山、九华山、武夷山、三清山、龙虎山，鄱阳湖、千岛湖等，涵盖了“名山、名水、名镇、名村”四大看点。

其次，婺源自古文风鼎盛，人杰地灵。傩舞、茶道等民间文化艺术绚丽多彩；历代名人遗迹和明清徽派古建遍布乡野。两个古村落列入世界文化遗产预备名单。

婺源气候温和湿润，四季分明，雾日较多。一年四季都可以去玩。但春天，尤其是 4 月，是婺源旅游最好的季节。漫山的红杜鹃，满坡的绿茶，金黄的油菜花，加上白墙黛瓦，五种颜色和谐搭配，胜过世上一切美丽的图画。

我希望这些建议能够对你有所帮助。因为你在婺源只能做短暂停留，所以，可能无法游览太多的地方，但是如果我能在任何方面帮上你的忙，敬请告知我。

期盼在婺源见到你！

友　王××

2011 年 3 月 25 日

［点评］

这篇例文是写给即将到访的朋友的，信的内容言简意赅，表意清楚。

2. 电子邮件书信的写作方法

电子邮件书信（见图 1—1）与手写书信的格式相同，只不过是通过网络传送，是一种用电子手段提供信息交换的通信方式。

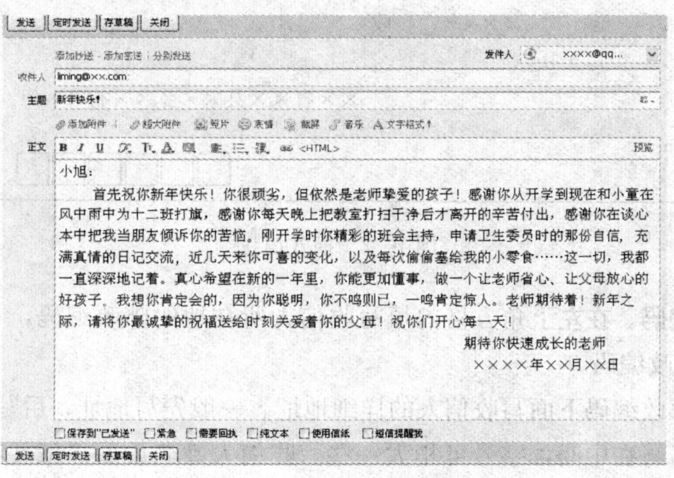
发送 | 定时发送 | 存草稿 | 关闭

添加抄送 · 添加密送 | 分别发送　　发件人 ××××@qq...

收件人 liming@××.com

主题 新年快乐！

添加附件 | 超大附件　照片　表情　截屏　音乐　文字格式

正文 <HTML>　预览

小旭：

首先祝你新年快乐！你很顽劣，但依然是老师挚爱的孩子！感谢你从开学到现在和小童在风中雨中为十二班打旗，感谢你每天晚上把教室打扫干净后才离开的辛苦付出，感谢你在谈心本中把我当朋友倾诉你的苦恼。刚开学时你精彩的班会主持，申请卫生委员时的那份自信，充满真情的日记交流，近几天来你可喜的变化，以及每次偷偷塞给我的小零食……这一切，我都一直深深地记着。真心希望在新的一年里，你能更加懂事，做一个让老师省心、让父母放心的好孩子。我想你肯定会的，因为你聪明，你不鸣则已，一鸣肯定惊人。老师期待着！新年之际，请将你最诚挚的祝福送给时刻关爱着你的父母！祝你们开心每一天！

期待你快速成长的老师

××××年××月××日

保存到"已发送"　紧急　需要回执　纯文本　使用信纸　短信提醒我

发送 | 定时发送 | 存草稿 | 关闭

图 1—1　电子邮件书信

电子邮件书信一般包括以下几部分：

（1）收件人。对方的电子邮箱地址。

（2）主题。从信的主要内容里提炼出的主要内容。

（3）正文。和手写书信的格式相同。

（4）发送。写完邮件，点击“发送”，邮件即传送到对方的邮箱。

三、日常书信写作的注意事项

1. 书信是一种笔谈，要像日常说话一样，态度诚恳，内容实在，要写得自然顺畅，清楚明白。

2. 用语要注意分寸。要准确把握双方之间的关系，恰当地运用称呼及各种礼貌用语，语气要合乎身份，语言风格要适合对方特点。

3. 字迹要清楚、端正。如果是打印稿，要亲笔签名。

4. 选择合适的信封信纸。有关公务的事用公务信纸、喜庆事用专用礼仪信封、丧事和其他不幸事件用素信纸信封，其他事宜可选用一般信纸信封。

四、信封的写法

信封有横式和竖式两种，现在一般使用邮政部门统一规定的横式信封（见图1—2）。

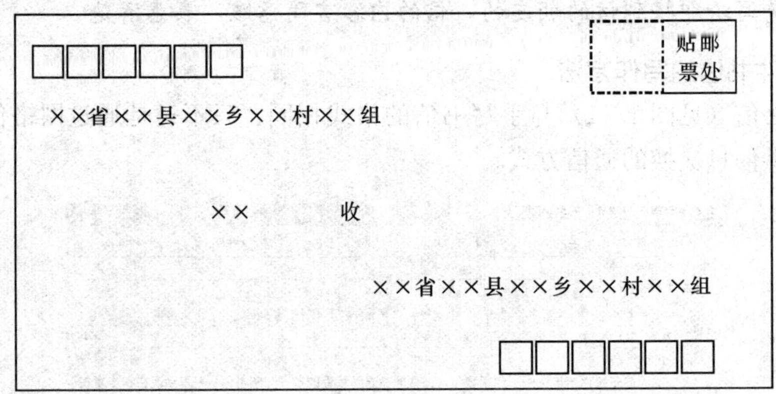

图1—2　横式信封

1. 写明邮政编码。在左上角方格内填写收信人所在地的邮政编码，右下角方格内填写寄信人所在地的邮政编码。

2. 在收信人邮政编码下面写收信人的详细地址。一般先写地址，后写单位名称。

3. 收信人姓名写在中间，字号可稍大一些。收信人姓名后面一般要写上称呼，但不能按书信内容上的称呼来写，因为它是写给邮递员或送信人看的，一般写“先生”“女士”或

"同志"。收信人姓名与称呼中间不要有空格，称呼外面也不要用括号。

4. 寄信人的详细地址写在右下方，并在地址后面写上寄信人的姓名，以便在信件无法投递的时候，邮局可以按地址把信退回原处。

小资料

信封的尺寸

关于信封，原邮电部、原国家技术监督局、原国家工商行政管理局在《统一信封的新规定》中明确指出："从 1994 年 4 月 1 日起，对信封实行新的统一规格。凡邮政通信使用信封必须符合国家标准，印制通信使用的信封，必须由当地邮电管理局监制。信封一律采用横式，普通信封长宽为六种规格，最小规格长为 16.5 厘米，宽 10.2 厘米，误差为±1.5 毫米。信封应用不低于每平方米 80 克的 2 号牛皮纸。对使用不符合国家标准，未经过邮电管理部门监制的信封邮寄的信函，全国各地邮电局（所）原则上不予收寄，由此造成的时间延误应由用户负责。"

知识链接——贺电、贺信、贺卡

一、贺电

贺电是表示祝贺、赞颂的专用电报。当个人或集体取得巨大成绩或作出突出贡献时可以发贺电表示祝贺；当个人或集体有喜事时也可以发贺电，如贺寿诞、结婚、毕业、乔迁、任职等。

例文一

国务院致中国女排的贺电

中国女子排球队：

在第×届世界杯女子排球赛中，你们刻苦锻炼、顽强战斗，获得了冠军；为祖国争了光，为人民立了功。国务院向你们表示热烈的祝贺。

你们的胜利，鼓舞了全国人民奋发图强、振兴中华的爱国主义热忱。我们希望全国人民都来学习你们的团结战斗、艰苦创业的精神，为把我国建设成为具有高度物质文明和精神文明的伟大社会主义国家而努力奋斗！

国务院

××××年××月××日

二、贺信

贺信是表示庆贺的书信的总称。当有关单位、个人有喜事时，都可以使用贺信的形式表示祝贺。

例文二

贺信

××市学生联合会第一次代表大会：

在祖国改革开放深入进行，四化建设蓬勃发展的大好形势下，在市委的直接领导下，我市学生联合会第一次代表大会胜利召开了。我们××学院全体学生谨向大会表示热烈的祝贺！

这次大会的召开是我市全体学生的一件大事。它将激励我们为推进改革开放，促进四化建设而努力学习。

我们全体同学决不辜负党和人民的殷切期望，一定要努力学习，奋发进取，勇攀科学高峰，争做“四有”新人，以实际行动庆祝这次大会的召开。

预祝大会圆满成功。

××学院学生会

××××年××月××日

三、贺卡

贺卡是用来祝贺别人生日、喜庆或恭贺新年、圣诞等节日的一种联系人们之间情感的卡片。

例文三

生日卡

爸爸：

今天是您的生日，您在千里之外为事业、为家人的生计奔波，正因为有您，我才能坐在教室中学习，我一定会像您一样做一个对得起社会、对得起家庭、对得起自己的人。

祝您生日快乐！

爱您的儿子

××××年××月××日

例文四

商务卡

尊敬的××先生：

钟声是我的问候，歌声是我的祝福，雪花是我的贺卡，美酒是我的飞吻，轻风是我的拥抱，快乐是我的礼物。值此春节即将到来之际，请接受我最真诚的祝贺。

愿我们两公司之间的贸易联系持续发展。

你诚挚的××

××××年××月××日

练　习

一、简答题

1. 什么是日常书信？日常书信的格式是怎样的？

2. 说说信封的写法。

二、写作题

书信来往是人与人之间传递感情、展开深层次心灵交流的常见方式，与面对面的交谈有不同的效果。请你试着就某一话题，与村长或某位村干部进行一次通信交流。

三、改错题

指出下面书信有哪些问题，并加以改正。

想念的妈妈：你好！

妈妈我感谢您赐给了我生命，是您教会了我做人的道理，无论将来怎么样，我永远爱您！希望能在这样的节日里对母亲说声：妈妈，你辛苦了，儿子在有生之年，会孝顺你老的，母亲节快乐！

亲爱的妈妈，你辛辛苦苦地把我养大了，你头上的白发也多了，我想对你说妈妈我爱你。亲爱的妈妈，岁月已将您的青春燃烧，但您的关怀和勉励将伴我信步风雨人生。用我的心抚平你额上的皱纹，用我的情感染黑您头上的白发。祝您母亲节快乐！

妈：为了我您的黑发变白，费尽心血。今天是您的节日，妈，谢谢您！您辛苦了！儿会尽我所能报答您我最亲的妈妈。在这个世界上，我永远需要报答的最美好的人——就是您，我的母亲。妈妈！您生我、养我、育我、在这个节日里，儿子向您问好，希望您身体健康、万事如意！这十几年来您辛苦了！在这特别的日子送上我特别的问候！祝：母亲节快乐！妈妈我永远爱您！在这个特别的日子里，妈妈，请允许我说声真的爱您。母亲您给了我生命，而我则成了您永远的牵挂。在我无法陪伴左右的日子里，愿妈妈您每一天都平安快乐。

亲爱的妈妈：您曾用您坚实的臂弯为我撑起一片蓝天；而今，我也要用我日益丰满的羽翼为您遮挡风雨。妈妈，我永远爱您！祝您健康快乐！从我出世的那一天，到现在我拥有的一切，都是您给予我的，在母亲节到来时，我想说“辛苦您了我亲爱的妈妈”。没有您就没有我，谢谢您给了我生命中美好的一切与成长。母亲节快乐！

走过了那么多年，我才深深知道，最爱我的人是您，妈妈。把无数的思念化做心中无限的祝福，默默地为你祈祷，祝您健康快乐！吃遍天下盐最好，走遍天下娘最亲。世界上能够让我献出生命的只有您，我的妈妈。我将爱您一生！

天大地大母亲最伟大，千好万好不如妈妈好，妈妈！祝您母亲节快乐。您是给我以生命并抚育我成长的土地，我深深地爱着您。在这个特殊的节日里我衷心祝福我的妈妈节日快乐！道一声您辛苦了。

此致

敬礼

5 月 10 日儿子手书

又及：表弟王伟代问您好！

第三节 申 请 书

一、申请书的概念

申请书是个人或集体向组织、机关、企事业单位或社会团体表述愿望、提出请求，要求批准或帮助解决问题的专用书信。

申请书的使用范围广泛，同一般书信一样，也是表情达意的工具。申请书要求一事一议，内容要单纯。不同的对象有不同的申请书，在农村常用的有入党申请书、低保申请书和建房申请书等。

二、申请书的写作方法

申请书是由标题、称谓、正文、结尾、署名和日期六部分组成的。

1. 标题

申请书的标题有两种写法，一种是直接写“申请书”，另一种是在“申请书”前面加上内容，如“入党申请书”“调换工作申请书”等，一般采用第二种写法。

2. 称谓

顶格写明接受申请书的单位、组织或有关领导。

3. 正文

正文部分是申请书的主体，首先提出要求，其次说明理由。理由要写得客观、充分，事项要写得清楚、简洁。

4. 结尾

可以用惯用语“特此申请”“恳请领导帮助解决”“希望领导研究批准”等，也可用“此致”“敬礼”等礼貌用语。

5. 署名

个人申请要写清申请者姓名，单位申请写明单位名称并加盖公章。

6. 日期

在署名下方注明日期。

三、申请书写作的注意事项

1. 申请的事项要写清楚、具体，涉及的数据要准确无误。
2. 理由要充分、合理，实事求是，不能虚夸和杜撰，否则难以得到上级领导的批准。
3. 语言要准确、简洁，态度要诚恳、朴实。

例文一

入党申请书

尊敬的党组织：

我叫刘金山，是××区××乡刘家村村民，现任刘家村团支部书记和村委会委员。正值全党上下开展保持共产党员先进性教育活动之际，怀着十分激动的心情，我郑重向党组织提出：我志愿加入中国共产党，为共产主义事业奋斗终生。

通过参加党校培训，我对中国共产党有了进一步的认识和了解。中国共产党是中国工人阶级的先锋队，同时是中国人民和中华民族的先锋队，是中国特色社会主义事业的领导核心，代表中国先进生产力的发展要求，代表中国先进文化的前进方向，代表中国最广大人民的根本利益。党的最高理想和最终目标是实现共产主义。

实践证明，中国共产党是伟大、光荣、正确的党。它善于在实践中不断地总结经验，完善自己，保持正确的航向；它一切从实际出发，理论联系实际、实事求是；它全心全意为人民服务，把群众利益放在第一位，同广大人民同甘共苦；它坚持民主集中制，充分发挥各级党组织和广大党员的积极性和创造性；它实行民主的科学决策，制定和执行正确的路线、方针和政策；它坚持四项基本原则，从严治党、发扬党的优良传统和作风，提高党的战斗力；它维护和发展国内各民族的平等、团结、互助关系，坚持实行和不断完善民族区域自治制度，帮助少数民族地区发展经济、文化，实现各民族的共同繁荣和全面进步；它积极团结各民主党派、无党派人士、各种爱国力量，加强同港、澳、台同胞的联系，按照“一国两制”的方针，完成祖国统一大业；它积极发展对外关系，在国际事务中，坚持独立自主的和平外交政策，反对霸权主义和强权政治。

作为一名农村大龄青年，我曾亲眼目睹了许许多多普通的农村党员为改变刘家村贫困落后面貌付出的心血和汗水。他们顶着烈日，挽着袖子、拿着锄头，与村民一起并肩挖路、架电、引水，大干公益事业；他们从自己微薄的收入中自费跑市场、找项目、搞示范，带头寻找致富道路；他们带领村民走出“山门”外出打工，成了大家的主心骨。在我的身边，有很多这样平凡的人，用勤劳和智慧书写着自己不平凡的人生。他们在不同的岗位上创造着相同的伟大。这些年来，刘家村变化很大，尤其是近年来开展的新农村建设，极大地改变了贫穷落后的旧面貌。如今的刘家村，大搞“三通”水电路基础设施，“三清五改”改善了村民的居住环境，村民富了，孩子上学不愁了，党和政府给人民群众带来幸福和谐的生活。这一切，使我的内心深处受到了深深的震撼。

俗话说：“喝水不忘挖井人。”在几年的创业生涯中，我虽算不上富有，但也挣了一些钱。我是一个农民的儿子，是不是应该像那些党员一样，为了这一片生我养我的地方加快发展做些什么呢？久而久之，一种强烈的愿望在我心头燃起——要加入中国共产党，成为这个组织里的光荣一员。

当前，全党正在进行的“学习实践科学发展观活动”，对党内来说，它是一种教育、一种告诫；对人民群众来说，它是一种告示、一种承诺；对于我来说，它更是一种动力、一种召唤。我身边的党员同志在此次学习实践活动中，通过理论学习，运用科学发展观思路指导新农村建设的工作实际，思想觉悟、工作热情和工作水平都得到很大程度的提高，特别是党支部和党员在学习活动中发挥了中坚力量作用，为村民解决实际困难，为村发展制定科学规划。我个人作为一名积极的党外群众，要求入党的愿望也越来越强烈，信心也更加坚定。于是决定借开展学习实践科学发展观活动的机会，郑重地向党组织提出申请。

共产党员要赢得群众的信任，就必须掌握深厚的理论知识，建立广泛的群众关系，通过学习实践提高自身素质。我觉得，作为一个自主创业的农村青年，其先进性主要体现在一心一意把岗位工作做好，为农村做大做强贡献力量，促进农村企业为社会创造更多的就业岗位，为国家创造更多的财富。作为一位青壮年代表，我有义务、有责任立足本职，加强学习，努力提高知识水平，学习新的专业技术。待条件成熟，我一定在家乡开创好自己的事业，带领乡亲致富，为新农村的建设和发展尽自己微薄的力量。

我个人深知自身还存在许多缺点和不足，如理论水平不高、农村工作经验和方法与实际工作要求还有一定的距离等。然而，请组织相信我，我一定会尽我所能认真改正，努力提高自身素质，锻炼为村民服务的本领。同时，也希望组织给予我指导和帮助。今后，我要用党员的标准更加严格要求自己，自觉接受党员和群众的帮助与监督，以身边优秀的共产党员为榜样，努力克服自己的缺点和不足。如果党组织能批准我的请求，我一定拥护党的纲领，遵守党的章程，履行党员义务，执行党的决定，严守党的秘密，对党忠诚，积极工作，刻苦学习，为共产主义奋斗终身。如果党组织没有批准我的请求，我也不会气馁，将继续以党员的标准严格要求自己，及时充实、提高自己，以更加饱满的热情投入今后的工作和学习，以实际行动争取早日加入党组织。

请党组织在实践中考验我！

此致

敬礼

申请人：刘金山
××××年××月××日

例文二

低保申请书

××县××镇××村委：

我叫×××，性别男，××××年××月××日出生，民族×，现居住××县××镇××村×组。我们夫妻二人年老多病，妻子瘫痪在床，生活完全不能自理，致使家庭异常困难，年收入还不能维持基本生活，又没有固定的生活来源，常常是吃了上顿没下顿，生活特别艰苦。幸好，我听说我的这种情况可以申请低保，心里非常高兴，好似看到了一线曙光，也只有你们能救我全家于水火之中。于是几经思考，特向你们申请低保，以渡过目前的艰难时日。

我相信亲民爱民的政府会给我解决实际困难，批准我的低保申请，向我伸出援助之手。

此致

敬礼

申请人：×××
××××年××月××日

例文三

建房申请书

××土地规划管理所：

我叫×××，是××乡××村×组农民。由于下列几个原因，我申请新建住房。

一、我现住的房屋，因我两兄弟均已成家并生子，人均居住面积狭小（具体是多少可以写上），还要堆放农具、存放粮食，因而建新房非常有必要。

二、我建房的方案是：拆除现有的住房，在老地基建新房，不占用其他用地。所建房屋为一楼一底，约××平方米。

特此申请，敬请审核批准。

此致

敬礼

申请人：××乡××村×组村民×××
××××年××月××日

附：1. 现住房照片；
2. 生产小组的证明；
3. 原房产证、宅基地证复印件。

例文四

开业申请书

××镇工商局：

我是本镇待业青年，××××年高中毕业后一直在家自学家电维修知识。去年自费到夜大就读家电修理技术培训班，为期一年，以优异成绩结业。我持有本镇青年待业证，现在又获得了家电修理技术×级证书，因此想做个个体家电修理者，以一技之长谋生，不再依赖父母养活，不再加重家庭和社会负担，为社区提供服务。加上××街道居委会对我热情鼓励和支持，我的一些亲友在资金方面也慨然相助。因此，我申请在××街××号开办个体家电维修部。

请考核我的申请条件，批准我的开业要求并发给营业执照。

盼复。（本人住宅电话：×××××××××，手机号码：×××××××××××××）

申请人：王××

××××年××月××日

附件：1. 王××身份证复印件；

2. 王××待业证复印件；

3. 王××家电维修技术×级证书复印件；

4. ××市××街道居委会证明。

［**点评**］

例文一是一篇农村青年的入党申请书。开头先概括说明申请的目的和原因；接下来进一步展开阐述对加入共产党的思想认识；然后说明自己的现状和态度；最后以表态结束。层次清楚，注意了层次之间的照应。例文二是低保申请书，目的明确，行文自然。申请人如实地陈述了自己的实际情况和家庭负担，表达了希望获得低保的心愿，字里行间体现出申请人的恳切态度，容易得到上级的理解和批准。例文三是建房申请书，申请目的明确，并写清了建房原因和建房方案，可行性强。例文四是开业申请书，写明了开店目的，并说明了自己已具备的开店条件，容易得到批准。

知识链接——申请书与一般书信的比较

相似：都是表情达意的工具。

不同：有以下三点。

1. 递交对象不同。一般书信适用范围比较广泛，亲戚朋友、上下级都可以接收，而申请书只适用于个人或单位对上级组织或团体、机关的申请。

2. 书写目的不同。一般书信内容比较广泛，没有什么限制，而申请书的目的非常明确，以申请具体事项为目的。

3. 写作手法不同。一般书信表达比较灵活，可以采用叙述、议论、描写等多种表达方式，而申请书一般只适用叙述的表达方式，概括性强。

练　　习

一、简答题

1. 什么是申请书？农村常用的申请书有哪些？

2. 说说申请书的写法及注意事项。

二、写作题

柳河村村民王宝柱的表兄谢明，系××省××县××乡农民，初中文化程度，现年×岁，未婚。他来到本市，被××厂招聘为合同制工人，因该公司无住房，需要暂住在王宝柱家里。请你以王宝柱名义为其表兄拟写一份办理暂住户口的申请书。

三、改错题

修改下面的申请书，并指出存在哪些问题。

申请书

××市××区工商行政管理局：

我系××街××号居民，姓名赵××，女，初中文化，现年32岁，未婚。我在本街道××号租赁了铺面一间，拟与我弟何××共同经营日杂小商品，现报告申请办理经营执照，店名为“兴隆杂货店”。经营范围：日杂小百货。经营性质为个体。法人代表是我。商店的筹备工作我们已着手进行。待批准后，即择吉开张，请予批准。

申请人：赵××

××月××日

第四节　建　议　书

一、建议书的概念

建议书是个人、单位和有关方面，为了开展某项工作、完成某项任务或进行某种活动等，就某件事情的具体做法或某个问题的解决方法，向有关单位或上级机关和领导提出建议性意见的书信体应用文书。

建议书是应用文的一种类型。其内容很广泛，像弘扬雷锋精神、开展精神文明活动、援助贫困山区孩子读书、开展拥军优属活动等，都可以写建议书。

建议书写给群体时，虽然也带有建议，但主要是宣传、鼓动对方去做，具有一定的号召性。建议书写给领导或有关部门时，一般是中肯地提出自己对对方工作的意见和自己的建议，没有要求对方去做的意思。

二、建议书的写作方法

建议书的格式一般包括标题、称呼、正文、祝颂语、署名和日期六个部分。

1. 标题

一般只写“建议书”三个字，有时为了突出建议的具体内容，可以写《关于×××的建议书》《给××的建议书》。题目要写在第一行的中间，字体要大些。

2. 称呼

提出的建议希望得到哪些人的响应，称呼就写哪些人。要在第二行顶格写，后面加冒号。

3. 正文

正文就是建议的内容，从第三行空两格开始写，一般由建议原因、建议事项和建议期望三部分内容构成。

(1) 建议原因。主要说明为什么提出建议，提建议的出发点是什么。这部分一般应开门见山，客观透彻地概括建议涉及的问题及现状，并适当论证建议的必要性、合理性和紧迫性，为力争建议被采纳奠定基础。

(2) 建议事项。主要说明针对具体问题提出了什么建议，要具体明确地提出解决问题的切实可行的措施和方法。如果建议的事项较多，可以分条列项地写出来，各条内容应当界限分明，便于建议对象逐条考虑，酌情处理。一定要把建议写具体，措施和方法写实在，便于建议对象采纳。建议中不需要过多地分析和论证，分条列项方式说明建议时更是如此。

(3) 建议期望。一般用简洁明了的句子表达一下期许和愿望，如“以上建议谨供参考”“诚恳希望×××认真考虑此建议”等。

4. 祝颂语

在正文之下另起一行空两格写“此致”二字，再另起一行顶格写“敬礼”二字，后面不必加标点符号。也可以根据建议对象的实际情况写一句祝愿的话。

5. 署名

在右下角写出建议人的姓名，即提出建议的个人的名字或团体的名称。

6. 日期

日期写在建议人姓名的下方。

例文一

写给村长的建议书

尊敬的村长：

您好！我是一个普通村民。我爸爸常跟我说，他们小时候能去河里游泳、钓鱼。可近期我却发现，我们村里的那条河漂浮着许多垃圾，水质很差，有时候水都不流动了。水时而红，时而黄，更多的时候则变成墨绿、灰黑色。现在，河面上随处可见白色的快餐打包盒，土黄的一次性木筷，花花绿绿的食品包装袋、饮料瓶等，不但污染了水质，还严重影响了河面的视觉效果。还有一些沿河的人家，为了图方便，把吃剩的饭菜往河里倒，使河面上浮起了星星点点的油渍。更严重的是，有些印染小作坊，为了省掉接排放废水管道的钱，擅自把印染废水往河里排。这不仅严重影响了水色，还使水体散发出难闻的臭味。难道一条小河从家门口流过，就是让他们这样“方便”的吗？

尽管村委会已经在河边立了写有《保护河道卫生细则》的牌子，尽管村委会拉出了“保护环境，人人有责”的横幅，尽管村委会在河边增置了许多垃圾桶安放点，但是，一些仍没有觉悟的人，对此视而不见，仍然我行我素！

因此，我想向村长提出以下建议：

1. 先在河边安装一个摄像头，调查清楚是哪些人在污染环境。

2. 对这些人进行适当罚款，罚款的钱用来雇人打捞河面上的垃圾。

3. 由村委会出面要求印染小作坊接通排放废水的管道，正规排水。

4. 在村里的“告示栏”上张贴保护水资源、保护环境海报，提醒村民节约用水，保护环境。

5. 村干部带头节水，每月评比出5户最佳节水家庭，并给予适当奖励。

这就是我提出的5点建议，请村长采纳。

我们的生活离不开水。如果现在我们不加节制地浪费水资源、污染水体，总有一天，人类会面临水资源断绝的灾难。所以，我呼吁节约用水不是嘴上说说，我们要真正行动起来！

此致

敬礼

××村村民　王××

××××年××月××日

例文二

农村治安防范建议书

广大村民：

为了使您的财产不受损失，为了使您的人身安全不受侵害，民警友情提醒您，请自觉做好安全防范工作。

为了您的安全，请您离家前抽出一分钟时间搞好防范。请将您的门窗关好，随身带好钥匙；请将您的现金及证券、金银首饰、证件放在最安全的地方；请检查您的电源、煤气炉（罐）是否关好；请确认您的家禽、牲畜是否有人看管。同时，民警提醒您，请您注意以下事项：

1. 请您与邻居和睦相处，建立良好的互助关系，以便在紧急时刻得到有效帮助；

2. 请您使用质量较好的门锁，并安装家庭防盗门及广角门视镜（猫眼），必要时安装报警装置；

3. 请您将走廊、楼道、前后门及巷道安装上照明设备；

4. 请您不要将现金放在家中，家中不急用的钱全部存入银行，并将存折设置密码；

5. 请您不要将现金和存折及其他证件放在一起，并请将存折、证券、证件号码详细登记，秘密保管，便于快速挂失和报案；

6. 请您的村委会或商店安装防盗设施，并安排专人值班；

7. 请您在遇有陌生人敲门来访时，千万不要轻易开门，应先验明身份；接到陌生人电话，请查问清楚再回答，如果是骚扰电话请立即挂断；

8. 请将您的机动车（自行车）放入家中或车库；在外时，将车停放在灯光较亮、行人较多或有专人看管的停车场，并安装报警装置；

9. 请住在平房或一楼的朋友，不要将贵重物品、小件物品放在临窗处，并要安装防盗窗、网，以免被“顺手牵羊”；

10. 请您外出时不要携带大量现金，不要单独去银行提取大量现金；

11. 请您深夜外出或归家时不要单独一人，应尽量结伴而行；

12. 请您不要将幼儿或未成年人单独留在家中，如有特殊情况，应请人看护；

13. 请您千万不要接受陌生人的吃请、香烟等礼物，饮酒后不要驾车；

14. 请您到正规商店购物，到正规医院看病，不要在家中接待“货郎”“神医”，千万注意从外地打来的冒用您家人、亲属名义的“汇款”电话；

15. 请您不要在家中、酒店接待为您孩子升学、谋职、成亲“忙乎”的“热心人”；更不要与陌生人兑换“零钱”，请您不要理睬各类中奖信息；

16. 请您不要在家中、单位、酒店接待身份不明的“不速之客”，更不能将公（私）房出租给身份不明的人居住、经商，需要出租房屋的，先到公安机关登记；

17. 请从事出租车行业的司机朋友，不运送不明货物，不购买“便宜”车辆，夜晚不远出；

18. 请您及家人、亲属自觉远离毒品，抵制邪教，珍爱生命；

19. 请您及家人、亲属不要参与赌博活动，珍惜您辛勤劳动的汗水，凡有矛盾、纠纷，主动找治保会和社区调解，不要因赌气造成恶劣后果而后悔终身；

20. 如遇紧急情况，请您及时拨打报警电话："110"或"119"，急救电话为"122""120"。

要想和谐幸福，防范知识记熟！

××派出所

××××年××月××日

例文三

致××镇××村委会的一份法律建议书

××镇××村委会：

××××年××月××日上午接到××镇政府的通知，反映你村存在宅基地纠纷问题，为避免你村矛盾纠纷激化，现提出如下几条法律建议供你村参考：

1. 经过同意规划的宅基地，应以规划确定的使用权为准。经过合法手续个别调整过的应以调整后确定的使用权为准，不经正当审批而自行调整或变更的不予保护。

2. 共同使用的宅基地，未经其他共用人的同意，一方已经建盖了房屋的，如果建房时其他共用人明知而未提出建议，又不妨碍他人合法权益或公共利益的，可以允许继续使用。

3. 当事人双方对宅基地权属发生争议时，土地证或建房审批单上四至明确的，应以四至为准；不明确的，可参照长期以来的实际使用情况，本着有利生产、方便生活的原则合理地调处或处置。

4. 对于历史形成的通道、流水，宅基地使用权人不得擅自堵塞。因擅自改变而给邻居造成损失的，应当责令其排除障碍、赔偿损失。

5. 相邻各方在其使用的宅基地上建盖或修建其他设施，不得危害邻居房屋或设施的安全，也不得侵害邻居的通风、采光、排水等相邻权。造成障碍或损失的，应当停止侵害、排除障碍、赔偿损失。

6. 收归集体组织统一使用的宅基地，经乡镇、村集体组织分配给新的用户，原使用人不得以宅基地是祖传或自己购买为由再要求使用。

7. 调处宅基地纠纷时，若发现私自建房、违章建房、乱占土地尤其是耕地等违法行为，应对当事人进行严肃批评教育。

××××司法所

××××年××月××日

［**点评**］

以上三篇例文，都针对存在的现象提出了具体建议，并明确地提出解决问题的切实可行的措施和方法，把建议的事项分条列项地写出来，建议事项写得具体，措施和方法写得实在，使建议对象在考虑采纳时容易落到实处。

知识链接——倡议书

倡议书是个人或集体提出建议并公开发起，希望共同完成某项任务或开展某项公益活动所运用的一种专用书信。

倡议书在现代社会有着很重要的作用，尤其在今天建设社会主义和谐社会的进程中，更是发挥着积极的宣传与凝聚功能。它可以在相当大的范围内调动群众的积极性和创造性，使大家为了一个共同的目标齐心协力，共同奋斗；它是把个人或集体的某项重要的建议或号召，转化为群众的较大规模实际行动的一条重要途径。

倡议书同建议书的区别是：倡议书中虽然有所建议，但它一般是面对群众，带有一定的号召性，具有广泛的群众性；建议书主要是个人向组织或下级向上级提出的积极主张，希望组织或上级采纳。

例文

倡议书

全村的妇女同志们：

实行计划生育是我国的一项基本国策。晚婚晚育和优生优育，功在国家，利在自己。为更好地实行计划生育，向全村妇女同志提出以下倡议：

1. 已有一个孩子的女同志绝对不生第二胎。
2. 孩子已满 15 岁的女同志全部做绝育手术。
3. 女同志不满 21 周岁不结婚，不满 26 周岁不生孩子。
4. 精心培育孩子，不溺爱，不娇惯，使孩子健康成长为对祖国有用的人才。

此致

敬礼

××村妇女主任　×××

××××年××月××日

练　习

一、简答题

1. 什么是建议书？建议书有怎样的格式？

2. 建议书的内容包括什么？写作时有哪些注意事项？

二、写作题

就建立农家图书室一事，给村长写一份建议书。要求格式正确，正文要提出存在的问题，分析存在问题的原因，提出解决问题的建议。建议的内容应具体并具有可操作性。

三、改错题

指出下面的建议书存在哪些问题。

广大的村民：

我们生活在这个如画的环境里，都非常快乐。但是，我发现村里还有不足的地方，村民上完公共厕所洗完手后没有关掉水龙头，白花花的水就这样一点一点地流走，非常浪费，我们都知道地球上能喝的水非常少，而他们却这样浪费……也许他们是因为开水龙头的时候发现停水了，而忘记关了；也有可能他们认为是用的公家的水，不用花自家的钱，所以懒得去关……这都是村民们的环保意识差所造成的浪费，如果还不改掉乱用水的坏习惯，世界上的水资源就会急速枯竭，大家应该都知道如果世界上没有了水会是什么后果吧！我在此提议请节约用水。

为了使我村有一个环保绿色环境，请你们采纳我的建议吧。

第五节　简　　历

一、简历的概念

简历，顾名思义，就是对个人学历、经历、特长、爱好及其他有关情况所作的简明扼要的书面介绍。简历是个人形象，包括资历与能力的书面表述。

二、简历的写作方法

1. 履历表的填写

履历表，指个人工作经历的简表，常用于求职。一份好的履历表是很有说服力的宣传品，能够给人留下深刻的印象。履历表一般包括以下几方面的内容：

(1) 个人资料：姓名、年龄、性别、籍贯、通信地址及联络电话。

(2) 教育程度：填写时应从最高学历开始依序填写，注明学校名称、科系等。

(3) 专业训练与专长：让企业了解个人具备的相关工作能力。

(4) 外语能力：具备哪种外语能力，达到什么程度。

(5) 工作（社团）经验：填入与应征公司相关的经历，避免将工作时间短暂的经历填入。

2. 个人简介的填写

个人简介，是当事人全面而简洁地介绍自身情况的一种书面表达方式。求职过程中撰写的个人简介是求职者向欲求职单位全面、简洁、条理清晰地自我介绍、自我推荐的文书。

个人简介可以是表格的形式，也可以是其他形式。个人简介一般应包括以下几个方面的内容：

（1）个人资料：姓名、性别、出生年月、家庭地址、政治面貌、婚姻状况、身体状况、兴趣、爱好、性格等；

（2）学业有关内容：就读学校、所学专业、学位、外语及计算机掌握程度等；

（3）本人经历：工作经历、社会活动和社会实践经历等；

（4）所获荣誉：在校期间和参加社会工作期间所获得的各项荣誉；

（5）本人特长：如计算机、外语、驾驶、文艺、体育等。

个人简历应该浓缩个人生活经历的精华部分，要写得简洁精练，切忌拖泥带水。

三、简历写作的注意事项

1. 首先要突出过去的成就。过去的成就是自身能力的最有力的证据。详细地把它们写出来，会有说服力。

2. 切忌过长，应尽量浓缩在三页之内。最重要的是要有实质性的内容。

3. 履历表上的资料必须是客观而真实的，要本着诚实的态度，不夸大不编造。

4. 文字不要密密麻麻地堆在一起，要注意格式美观，项目与项目之间应有一定的间距。

例文

个人简介

<table>
<tr><td>姓名</td><td>王×</td><td>性别</td><td>男</td><td>民族</td><td>蒙古族</td><td rowspan="4">照片</td></tr>
<tr><td>出生日期</td><td>1975年6月</td><td>籍贯</td><td colspan="3">内蒙古赤峰市</td></tr>
<tr><td>政治面貌</td><td>党员</td><td>毕业学校</td><td colspan="3">××农业信息职业学院</td></tr>
<tr><td>学历</td><td>统招大专</td><td>专业</td><td colspan="3">园林工程技术</td></tr>
<tr><td>身份证号</td><td colspan="4">××××××××××××××××××</td><td>婚姻状况</td><td>未婚</td></tr>
<tr><td>联系电话</td><td>133××××××××</td><td>地址</td><td colspan="4">××省××市</td></tr>
<tr><td>教育背景</td><td colspan="6">1. ××××年—××××年　就读于××中学。
2. ××××年—××××年　就读于××农业信息职业学院。</td></tr>
<tr><td>所获得的荣誉或成绩</td><td colspan="6">1. 计算机图形图像处理（Photoshop）职业资格证书。
2. 高级园艺师职业资格证。
3. 高级绿化工职业资格证。
4. 国家普通话二级。
5. 2008年获学院金钟自强协会优秀干事荣誉。</td></tr>
<tr><td>个人特长</td><td colspan="6">在专业方面能熟练操作CAD、Photoshop、Sketchup，精于园林工程制图、计算机辅助设计和竖向设计等。</td></tr>
</table>

［点评］

例文的个人简历格式清晰，个人基本情况的介绍简洁精练。

练　习

一、简答题

1. 简要说明简历应该包括哪几方面的内容？

2. 简历写作的注意事项有哪些？

二、写作题

结合自己的实际情况，撰写一份个人简历。

第六节　求　职　信

一、求职信的概念

求职信，也称自荐信或自荐书，是个人为谋求职业写给用人单位，希望对方了解自己、相信自己、录用自己的一种专用书信。

求职信一般是针对用人单位的招聘要求写的，要根据要求介绍自己的专业特长以及应聘理由等。求职信作为日常应用类文体，使用频率极高，重要作用愈加明显。求职信常同简历一起投递给招聘单位。

二、求职信的种类

按照求职者的身份，求职信可以分为三类，即毕业生求职信、待业人员求职信、在职人员求职信。

求职者的身份不同，写作的角度、内容、语气就会有所不同。一般来说，毕业生写作求职信时，一般要比较全面地介绍自己在校期间的学习情况，阐述自己的理想、抱负；待业人员（社会无业人员或失业人员）写求职信，要介绍自己的经历、经验、特长，说明自己的生活实际，阐述自己对职业的理解和需求等；在职人员写求职信，目的是谋求新职或兼职，因此要针对用人单位的要求，介绍自己的专业特长。

三、求职信的写作方法

求职信的格式主要有标题、称谓、正文、祝颂语、署名、日期、附件、联系方式八部分。

1. 标题

首行居中书写“求职信”三个字，如果是针对招聘启事写的，可写成“应聘信”。在多数情况下，标题可省略。

2. 称谓

标题下一行顶格写受信者单位名称或个人姓名。单位名称后可加“负责同志”，个人姓名后可加“先生”“女士”“同志”等，在称谓后加冒号。求职信不同于一般私人书信，受信人未曾见过面，所以称谓要恰当，郑重其事。

3. 正文

一般分为三层来写。

开头部分通常说明写信缘由，一般要写明自己要申请的职位以及是如何得知该职位的招聘信息的。

主体部分陈述个人情况以及求职意向、要求等。在内容上，要针对用人单位的特点、用人要求和已经了解的信息，客观地介绍自己，侧重介绍自己所特有的，并且能为用人单位作出贡献的教育、技能和个性特征等。个人的求职要求（如职务、岗位、工种、待遇等）一般也要写得具体明确。在表达上要简洁、得体，要善于运用事实来增强“自我推销”的说服力，做到条理清楚、详略得当。

结尾部分一般表达求职者的愿望和要求，如希望得到对方肯定的答复、收到对方的面试通知等。

4. 祝颂语

另起一行，空两格，写表示敬祝的话。如“此致”之类的词，然后换行写“敬礼”或祝“工作顺利”“事业发达”等相应词语。这两行均不加标点符号，不必过多寒暄，以免画蛇添足。

5. 署名

右下角写上姓名，可在姓名前写上“求职者”“应聘者”等字样以示尊重。

6. 日期

姓名的下一行写上日期。

7. 附件

求职信一般要随信附上有关文件和证件，如简历以及毕业证书、成绩单、获奖证书、任职证明、身份证等的复印件。有说服力的附件是对求职者的鉴定凭证，所以求职信的附件是不可忽视的组成部分。

8. 联系方式

不附简历的求职信，一般要在信封或信的下方写明具体的联系方式，如通信地址、邮政编码、电话号码、电子邮箱等。

例文一

应聘信

尊敬的××果园招聘处负责人：

您好！

我是××林业学院2010届毕业生，所学专业为果树栽培与管理，得知贵园招聘果树栽培技术员的信息，十分高兴。在校期间，我系统地修完了《果树栽培学》《果树生物习性》《林果业经营管理》等专业课程，我的各科成绩优秀。毕业后被留在××市××乡实验基地做助理技术员，跟随××教授进行草莓品种改良科学实验。

本人自然情况请见个人履历表。

××果园场址，是我的家乡所在地。果树园艺更是我从小就向往的事业，将所学的知识与技术应用于家乡的建设与发展，更是我的理想。如果能够应聘为贵园的果树栽培技术员，我将把自己所有的精力都投注于事业中。为改良和引进优良品种，提高产品产量，我将努力探索新的途径。如果有条件，我还设想进行桃子过冬试种。争取在三年至五年内，建成一个集种苗培育、果品加工及商品销售于一体的林果公司。让绿树成荫，果香千里。

期待贵园的回复。

求职人：李和平

××××年××月××日

附：1. 毕业证、毕业论文获奖证、专业技术职务资格证复印件各一份；

2. 履历表。（略）

例文二

应聘信

××厂领导：

您好！

感谢您能在百忙之中抽出时间阅读我的求职信。

我从《××晚报》上得知贵厂招聘×名专职电工的信息，本人渴望能得到这个职位。

在过去几年的农电协管员工作中，我自学了电工专业知识，并在实践中不断研究、总结，不论严寒酷暑，坚持对各条线路进行巡查和维护，积累了大量电工经验，能处理各类电工问题，保证供电稳定正常，得到了领导的好评。

我坚信自己非常适合这份工作，我也希望贵厂能给我这次机会。如能应聘成功，我一定会珍惜这来之不易的机会，努力钻研技术，奋力作出贡献。

此致

敬礼

求职人：××乡××村农电协管员刘××
××××年××月××日

附：

联系地址：××乡××村××组

邮政编码：××××××

电话号码：××××××××

［**点评**］

这两篇例文都是应聘信，都是在知道对方准备用人、用什么样的人的情况下写的，求职者针对所求职业岗位，如实地介绍了自己的生活经历、业务能力，陈述了自己的求职优势。语言朴实，态度诚恳，语气殷切。

知识链接——写求职信的三大要诀

要诀1　求职信要突出重点

大家要认清求职信与个人简历的区别：两者各有不同的用途。求职信的作用是求职者推销自己过去的经验、技能，说明符合应征职位的要求。而个人简历则是根据事实将求职者所有专长完整地罗列其中。

常犯错误：把个人专长都写在求职信上，并没有针对不同职位的不同要求，让雇主觉得求职者的求职信内容欠缺重点，不太有说服力，从而失去面试机会。

要诀2　资料文法不容错漏

确认求职信及个人简历内容没有错字、文法正确、字句通顺、资料全部正确，随信附上所需的相片和学历证明等，以免影响雇主对求职者的印象，失去面试机会。

常犯错误：忘记写联络方法、误将出生日期写成应聘日期、忘记签名、忘记写希望获得面试机会的段落等。此外，由于求职信多是大量制作，很容易出现写错应征职位名称、公司等情况，必须审慎检查。

要诀3　资料要简短贴题

雇主每次接到大量求职信，一般会以“快递”速度看求职信及个人简历，所以简历内容要以整齐、简短、贴题为原则。除非招聘广告特别要求手写求职信，否则求职信必须打印。内容必须突出自身特点，求职者要简单解释自己为何胜任该职位。页数方面，求职信一页便可。

常犯错误：求职信冗长，不能针对应征职位的要求。

练　习

一、简答题

1. 什么是求职信？求职信有哪些种类？

2. 求职信的写作格式是什么？

二、写作题

下面是某公司的招聘启事。写一份求职信向该公司做自我推荐，申请其中的某一岗位。

诚聘

招聘对象：办公室文员 2 人、广告业务员 1 人、财务出纳 1 人、电脑照排技术管理人员 1 人、推销员 2 人。

应聘条件：中职以上文化程度，从事所聘专业工作两年以上，具有良好的专业素质和强烈的事业心，身体健康，年龄 35 周岁以下（业务骨干可适当放宽），男女不限。能熟练掌握一门外语，具有中级以上职称者优先录用。

招聘办法：应聘者请于 10 月 1 日前将应聘材料寄到××公司人事部。初选合格者通知面试。

通信地址：××市东方大道 48 号　　邮政编码：××××××

联系人：章小姐、谭先生　　联系电话：（××××）6700××××

三、改错题

阅读下面的应聘信，然后回答问题。

应聘信

××服装有限公司：

前天接到我的老同学×××的来信，说贵厂公开招聘生产管理员。我是××学校企业管理专业的毕业生，在校读书期间，学习成绩优良，爱好体育活动，是学校篮球队的成员。贵厂就设在我的家乡，我想，调回家乡工作正合我的心意，而且生产管理员的职务也和我所学的专业对口。不知贵厂是否同意，请立即给我回信。

此致

敬礼

陈××谨上

××××年××月××日

1. 这封应聘信欠缺什么内容？应如何补上？

2. 信中哪些话是多余的？

3. 哪些话不够得体？应如何修改？

第七节 启　　事

一、启事的概念

启事是机关、团体、企事业单位或个人有事情需要向公众说明，或请求公众或有关单位给予帮助时所写的一种告知性应用文。常见的启事有招领启事、寻物启事、寻人启事、招聘启事、征稿启事、迁址启事、开业启事等。启事可以张贴在公共场所，或通过报纸、杂志、电台、电视台、互联网等公共媒体发布。

二、启事的种类

启事按内容不同，可以分为多种类型，农村主要常用的启事有：房屋出租启事、迁址启事、招聘启事、寻人启事、寻物启事、招领启事、征婚启事等。

三、启事的写作方法

启事一般由标题、正文、落款三部分组成：

1. 标题

标题位于首行正中，为了更加突出醒目，标题字号一般要大于正文字号。启事的标题有三种形式：一是直接写“启事”二字；第二种是写明启事内容，如“迁址启事”；第三种是由发启事的单位和内容构成的，如“××公司招聘技术人员启事”。

2. 正文

正文是启事的主要内容，要用明确、具体、简练的语言说明情况，提出要求或期待。这部分文字较多，内容的详略可根据具体情况而定。如写“招聘启事”，必须把所要招聘人员的要求交代清楚，例如从事什么岗位、何种文化程度、工资待遇、岗位要求等一一表述清楚；而写“招领启事”则只写清捡拾物的名称即可。

3. 落款

在正文的右下方写明发启事单位的名称或发启事者的个人姓名及时间，署名要写全名，如果是单位则要加盖公章。根据内容的需要，也可附上联系方式，如电话、地址、交通路线图等。

四、启事写作的注意事项

1. 寻物启事、寻人启事要把相关物或人的特征写明。
2. 招领启事写物品特征要有所保留。
3. 征招类启事要注意宣传鼓动。
4. 请求类启事要注意礼节。

例文一

房屋招租启事

本人在××镇上有一间大约30平方米的门市房，刚刚装修一新。房子地理环境优越，位于繁华地段，是您施展精英才华、圆您经商梦想的理想场所。该房现向外招租，租金为每月1 000元。有意者请与×××联系。联系电话：×××××××××××。

×××

××××年××月××日

例文二

迁址启事

××豆腐坊由于厂子扩建，现迁址至村东营业，欢迎广大村民光临新址。

××豆腐坊

××××年××月××日

例文三

寻人启事

××镇××乡××村村民张××，男，68岁，身高170厘米，身穿深灰色棉袄，黑裤子，黑皮鞋，患老年痴呆症，于××月××日下午走失，至今未归，家人十分着急。有知情者请与××镇××乡××村王××联系，不胜感激。

王××

××××年××月××日

例文四

寻物启事

本人不慎于××××年××月××日下午2时左右在桥东公交车站点丢失黑色公文包一个，内有身份证、各种票据和少许现金，请捡到者与本人联系，必有重谢。

联系电话：×××××××××××。

×××
××××年××月××日

例文五

招领启事

本村村民吴××同志，昨天上午在村东市场赶集时拾到皮夹一个，内有人民币若干，请失主前来河东村委会办公室认领。

河东村村民委员会
××××年××月××日

[**点评**]

例文一的房屋招租启事把房屋的地理位置、房屋面积、租金、联系方式等全部列出，方便有意租房者与之联系；例文二的迁址启事虽然简短，但将新址写清，也使买者一目了然；例文三的寻人启事把所寻之人姓名、性别、身高、穿着、走失时间、联系方式写得明确，如路人发现走失之人可以很快地联系寻者；例文四寻物启事写明了所丢失物品的名称数量，以及丢失时间和地点等重要信息，并表达了感激之意；例文五招领启事内容简明，它没有写明皮夹的颜色、人民币的数量等信息，以免冒领者认领。

知识链接——“启事”和“启示”的区别

“启事”和“启示”，是人们日常生活中用得较频繁但又容易混淆的两个词。遗失了东西，写一张“寻物启事”；某单位要招工，贴一份“招聘启事”。但是，上述“启事”却常被人写成“启示”，这类错误甚至见诸报端，可见，辨析这两个词的构成和它们各自的含义大有必要。

在合成词“启事”和“启示”中，“启”表示意义并不相同。“启示”的“启”为开导启发，“示”也表示同样的意义。“示”本指把东西给人看。在“示威”“示弱”“示众”等词语中，“示”皆表此义。由让人看的意义再引申，“示”又有指示、开导、让人明白某种道理的意思。如：“老师，这个问题怎样解答，请您给我一些启示!”因此，在合成词“启示”中，“启”与“示”是同义并用。“启示”的意思是启发提示、使人有所领悟的意思。至于“启事”的“启”，则为陈述表白的意思。“启事”即为公开声明某事而刊登在报刊上或张贴在墙壁上的文字。

练　习

一、简答题

1. 什么是启事？农村常用启事的种类有哪些？
2. 启事的写作方法及注意事项有哪些？
3. 请仔细阅读例文四和例文五，分析寻物启事和招领启事有哪些区别。

二、写作题

请按照启事的写作方法写一则征婚启事。

第八节　计　划

一、计划的概念

计划是单位、部门、个人对未来一定时期内的工作目标、步骤、措施做出安排的一种应用文。规划、方案、打算等都属于计划的范围。制订计划，是建立正常工作秩序、提高工作效率必不可少的程序和措施。

二、计划的种类

计划按内容分，可分为综合计划和单项计划。计划按功用分，可分为工作计划、生产计划、学习计划、教学计划、实验计划等。计划按范围分，可分为国家计划、单位计划、部门计划、个人计划等。计划按时限分，可分为长远计划、年度计划、季度计划、月度计划、周计划等。

三、计划的写作方法

计划没有固定的格式，可以采用条文式、表格式，还可以采用文字表格结合式。条文式计划，主要用文字叙述和说明的表达方式，分条列项地表述，内容、形式比较灵活；表格式计划，主要是用表格的形式体现计划的项目和内容；文字表格结合式计划，主要是以数字数据为主体，辅以简要的文字说明。

计划一般包括标题、正文和落款三个部分。

1. 标题

标题由单位名称、时限、内容及文种名等构成，如“××村委会××年度工作计划”。有的标题也可以省略单位名称、时限等内容。计划如果处于酝酿或讨论过程中，或者没有批准通过，应在标题后加括号注明“初稿”“草案”或“征求意见稿”等字样。

2. 正文

正文是计划的主体部分，通常包括以下内容：

（1）前言，主要是说明制订计划的依据、目的及有关背景。

（2）目标和任务，即“做什么”，要求提出明确的目标、主要任务和重要指标。

（3）步骤和措施，即“怎么做”，要求具体说明开展工作的步骤（包括工作程序和时间安排以及要求等）和为保证目标的实现拟采取的措施。目标、步骤、措施是计划内容的三要素，目标任务明确、步骤安排合理、措施办法得当，才便于执行。

3. 落款

说明计划的制订者和制订计划的日期。如果标题已写明制订单位名称，那么署名也可省略。单位计划如需呈送上级机关，一般要加盖公章。

四、计划写作的注意事项

1. 要符合政策

制订计划必须以党和国家的有关方针、政策为指导，全面贯彻上级指示精神，把这些政策和精神落实到计划的具体内容中，这样才能确保计划的正确性。计划通常都在前言中明确写出制订计划的指导思想和依据。

2. 要从实际出发

把全局需要同本单位的实际情况结合起来，在调查研究的基础上，以科学的态度分析本部门的实际情况，充分考虑有利因素和存在的困难，合理制定目标，做到实事求是，量力而行。

3. 要具体明确

计划规定的任务一定要重点突出，具体明确，有主有次；同时要有明确的要求，要规定清楚数量、质量、工作步骤和时间进度，决不能模棱两可、责任不清、要求不明。要针对任务提出具体措施，提出实施计划的具体办法和部署，保证计划完成，便于执行、督促和检查。

4. 要留有余地

在计划实施过程中，当情况发生变化时，计划内容可以灵活而适当地调整，使计划能顺利完成。

例文一

××××年村党支部工作计划

为扎实推进我村党支部各项工作，全面完成上级党委、政府下达的各项工作任务，日前，×庄党支部制订了2010年支部工作计划，对新年度我村党支部工作进行总体部署，并将该计划提交村党支部委员会、支部大会讨论通过。计划具体内容如下：

一、工作目标

1. 以学习党的十七大和十七届三中、四中全会精神为重点，加强全体党员干部政治学习，发挥党员的先锋模范作用。

2. 加强党员自身教育，配合办事处党工委开展主题活动，大力加强党员道德建设。

3. 建立入党积极分子学习小组，加强对入党积极分子的培养考察和新党员发展工作。

4. 积极配合、协助上级各部门和村委会认真做好我村各项工作及重大事务组织指导工作。

5. 以强化队伍素质为核心，加强党建思想工作，优化发展环境，深化改革，为提升全村经济竞争力和综合实力提供强有力保证，确保新农村建设顺利进行，确保村民生活质量不断攀升，确保全村工作目标的实现。

二、工作措施

（一）加强精神文明建设

1. 注重抓好思想理论建设，采取形式多样的学习方式，组织党员干部认真学习理论，努力从思想上、政治上与党中央保持高度一致。

2. 加强作风建设，不断提高服务水平。引导党员爱岗敬业、遵章守法，塑造良好的党员形象，真正发挥党员的先锋模范作用。

3. 加大法制宣传工作力度，重点宣传《村民组织法》《村民自治法》《妇女权益保障法》《人口与计划生育法》等内容，提高党员干部的法律素质。

（二）加强思想教育

1. 逐步完善学习制度，严格学习纪律，认真做好深入学习实践科学发展观活动第二阶段、第三阶段的工作，检查学习笔记以及考勤，确保党员政治素质的提高。

2. 做好新党员发展和党费收缴工作。严格按照党员发展程序，保质保量地发展新党员。计划在2010年培养、考察两名发展对象，上、下半年各一名。

3. 充分利用农村党员现代远程教育平台，扎实开展党员的电化教育工作。并根据我村的实际情况，有计划地组织党员干部外出参观考察学习。

4. 抓好本年度的党员评议工作。

（三）加强组织建设

1. 抓好党员队伍建设。本着成熟一个发展一个的原则，做好新党员的发展工作，不断增强党支部的活力。

2. 进一步完善党员管理、活动日和考评制度，充分发挥党的组织优势和党员干部的带头作用，把党支部建设成坚强的领导核心。

（四）加强制度建设

1. 健全明确的责任管理机制，坚持集体领导和个人分工负责相结合原则，坚持少数服从多数、个人服从组织原则。

2. 完善民主生活会制度。对党内重大问题，坚持集体讨论决定，充分发扬民主集中制，正确开展批评与自我批评。

3. 推广运用“4＋2”工作法。结合本地实际，因地制宜，活学活用“4＋2”工作法，解决具体事务，充分发挥该工作法在实际工作中的作用，破解我村发展难题。

4. 坚持和完善党内生活制度，强化对党员的管理教育和监督，严肃组织纪律。

5. 开展党员设岗定责活动，为党员发挥作用搭建舞台。

三、其他工作安排

1. 关心年老党员生活。要不定期地去看望慰问年老党员，并给予他们一定的经济补助并对他们做身体检查。

2. 成立针对老党员的慰问小组。慰问小组除了不定期地去看望老党员，关心老党员的生活，还要为因病亡故的老党员举行追悼或告别仪式。

3. 积极发挥我村委员会在管理中的桥梁作用，协助村搞好建设，推动我村居民主街道路的维修、排水等工作的开展。

4. 及时完成上级党委下达的工作任务。

××村党支部

××××年××月××日

例文二

××××年度村委会工作计划

我村在镇党委、镇政府的正确领导下，围绕年初上级下达的全年目标任务，将紧紧围绕以下几个方面开展工作：

一、壮大村级经济财力

根据我村现有的实际情况，今年我村砖瓦厂关停后，按历年实际全年村级经济开支情况计算资金缺口在50%以上，缺口资金为50万～60万元。所以今年我村的重点工作是弥补村级经济的缺口问题，要解决这个问题，只能利用现有砖瓦厂的土地资源。要利用砖瓦厂的土地资源，首先要得到政策的扶持和上级领导的支持和理解，另外村里要及时办好一些相关的手续，调处好与农户可能产生的矛盾。利用砖瓦厂的土地招商引资，做到及早利用，及早见效。

确保村级经济的收入在于管理好村级现有资产，目前虽然村级大部分企业租赁费收缴比较正常，但对个别老大难企业的租赁费收缴，还要花费一定的精力。因此，需要通过各种途径正确地、妥善地处理好难点问题，真正把我村的有限资金收好、管好、用好。

二、加强干部队伍的建设和管理

首先，加强对村级领导班子成员的管理，强调组织工作纪律，明确分工，对班子成员的工作分阶段检查，坚持一月一次的例会制度。其次，党组织要扩大视野，加强对党员和非党员的考察，积极召开民主生活会，使党内民主充分体现，党的队伍不断补充新鲜血液。

三、进一步加强社会稳定工作

社会稳定工作始终是我村的第一重点工作，目前经过村两委会同志的努力，我村社会生活趋于平稳。但我村将始终坚持做好稳定工作的长效管理机制，本着抓早、抓小、防激化的原则，确保一方稳定。针对市委、市政府对集中居住区的规划，我村将大力遏止乱搭乱建，加强日常巡查，同时将积极做好计划建房户的引导工作，结合我村的拆迁任务，早日形成我村的集中居住小区。随着我村企业的不断增多，我村将加强对各企业的联系督促，防止劳资纠纷和其他矛盾的出现。此外，还要巩固和加强村其他工作。

村庄整洁工作在前期集中整治的基础上，虽然已建立长效管理的保洁员队伍，制定相应的工作考核制度，但接下来我们不能把制度流于形式，村里要不断加强检查和考核、加强日常巡查。另外要通过各种形式的宣传，使村民在思想上接受并最终转变观念，从而形成全社会参与整洁活动的新局面。

目前，按照我村的现有规模和各项任务的完成情况来看，我村与兄弟村有着不小的差距，但我村委一班人坚信，只要有镇党委、镇政府的关心和支持、兄弟单位的帮助，我村两委会成员将不畏艰难，充分挖掘潜力，找出目前发展中存在的问题，朝着有利于我村发展的方向积极大胆工作，努力创造我村新的辉煌。

××村村委会

××××年××月××日

[**点评**]

例文一和例文二都对全年工作做了具体安排，目标明确、步骤清楚、措施到位、切实可行。

练　　习

一、简答题

1. 计划的概念是什么？怎样才能把计划制订好？

2. 计划的写作格式及注意事项有哪些？

二、写作题

根据本村实际情况，拟订一份年度工作计划。

三、修改题

修改下面的计划。

中国建设银行××支行第四季度工作计划

今年的工作十分繁忙，尤其是第四季度的工作，如何把本季度工作搞好，制订以下四项计划：

一、抽出时间认真学习十一届三中全会有关基建改革的文件。

二、深入单位了解完成工作量的情况和资金支用情况，为审查好年终决算打基础。

三、了解建设单位明年的计划安排和完成情况，以便做好明年信贷计划工作。

四、认真与建设单位对清基建计划，避免超计划支出。

第九节　总　　结

一、总结的概念

总结是对过去一定时期内的工作、学习或思想情况进行回顾、分析，并做出客观评价和指导性结论的一种应用文。通过总结，对上级可以汇报情况、求得指导，对下级可以肯定成绩、指明问题，对个人则可以找到经验教训，以便做好以后的工作。

二、总结的种类

总结按内容范围的宽窄可分为综合性总结和专题性总结，总结按时限可分为全程总结和阶段性总结，总结按功用可分为侧重反映情况的总结和侧重推广经验的总结。

三、总结的写作方法

总结一般由标题、正文和落款三部分构成。

1. 标题

标题有三种写法。

（1）公文式写法，一般包括单位名称、期限、内容和文种名等要素。

（2）概括式写法，直接写明总结的中心内容。

（3）新闻式写法，先用一个生动形象的正标题，然后加副标题点明内容。

2. 正文

正文一般分为前言、主体和结语三个层次。

(1) 前言，概括说明学习、工作或生活的基本情况，给人以总体印象。

(2) 主体，具体介绍取得的主要成绩、经验及其原因。这部分是总结的重点，要对事实材料进行分析，从理论上总结出一些具有规律性的内容。可以列成条目写，也可以分成若干小标题逐个阐述。在表达上以议论为主，夹以叙述，但观点和材料要统一，不要空泛议论。

(3) 结语，一般指出存在的问题，提出今后改进意见和努力方向等。

3. 落款

落款包括署名和日期。如已写在标题内或标题下，文后就不需要再写。如果是单位总结，一般要加盖公章。

四、总结写作的注意事项

1. 情况要实，思想要新。要大量收集材料，并对材料进行整理、分析，要善于概括出带规律性的内容，写出解决新问题的新经验，并上升到理论层面。

2. 实事求是，一分为二。看问题要全面，评价要实事求是，有多少成绩就写多少成绩，有什么问题就写什么问题，不夸大成绩，不掩饰问题，反对绝对化，避免片面性。

3. 条理清楚，用词准确。要分清部分、层次，每部分可再列条，但层次条目不宜太多。用词要准确、简明、平实，不用“大体上、差不多、可能是、一般说”等含糊的语言，也不要用渲染性的描写和抒情。

例文一

2010 年度村委会工作总结

2010 年，村委会在镇党委、镇政府及上级主管部门的正确领导下，认真贯彻“三个代表”重要思想，全面落实科学发展观，并通过村委会全体党员、干部、村民的共同努力，各项工作取得了较好的成绩，现将今年的工作情况汇报如下：

一、新农村项目建设顺利完成

1. 为丰富村民的精神文化生活，以西沟为试点，村前铺设 200 平方米的篮球场、老年活动室，为村民提供了体育文化活动场所。共计投资 235 000 元。

2. 争取上级项目资金与发动群众集资共投入 34 万元，对西沟试点村的道路进行了硬化，硬化面积将近 7 000 平方米，大大方便了村民的日常出行。

3. 建立农村网络文化站，配备 4 台计算机，为村民提供农业科技信息，为党员干部及村民的学习、培训提供了方便。

二、增加村民福利及教育投入

1. 村委会通过补贴鼓励村民参加农村合作医疗保险，参保人数达 2 937 人。

2. 带领党员干部给村里的孤寡老人、病人捐款，为他们排忧解难。联系本村老板对全村困难户、低保户、军属家庭等送去新年的慰问与祝福，每年对全村老人、特困户发放200元/人的慰问金。2010年春，通过多方集资建起敬老院，孤寡老人得到妥善安置。

3. 为了培养有知识、有技术的人才，从科学发展观的战略高度出发，为实现科技兴村的目标，两委班子决定加大支持教育力度，对在高校就读本科的学生，每生补助1 000元，避免了孩子因交不起学费而辍学的情况发生。

三、因地制宜，全面做好农业保障工作，不断拓展林业产业链

1. 充分利用本地优势，大力发展甘蔗耕作，2010年年底甘蔗耕种面积从原来的500亩增加到1 600亩。

2. 以科技兴农为突破口，全面实现增收。2010年，村委会为农民提供农业技术交流的舞台，把最好的农业技术带进田园，过去的一年，全村的农业产量平均增收6%。

3. 在镇领导的帮助下，2010年引进一家综合木料加工厂、两家木板厂，合计引进资金200多万元。这些企业的入驻将进一步壮大我村集体经济以及解决农民的就业问题。

四、严格执行村务公开，规范村委会财务管理

村务公开是保障农村稳定的重要环节。村委会严格执行上级的有关规定，有效地保障了村民对村务的民主决策、民主管理、民主监督。村委会落实有关财务制度、堵塞漏洞，防患于未然。

五、做好计生工作，完善计生信息系统管理

2010年村委会计生工作在村党支部和上级政府有关部门的支持和指导下，建立计生信息系统，并实行计划生育的多项优惠政策，促进计划生育工作的顺利进行，完成了上级下达的各项计生任务。

六、维护辖区社会治安稳定

村委会在上级部门的正确领导下，根据上级精神要求，结合本村实际情况，认真地开展工作以维护地方稳定。积极配合派出所的治安巡逻工作，为日夜巡逻提供有力保障，有效地阻止和控制了案件的发生。

七、存在问题

1. 村内卫生还不够清洁，村民的环境保护意识也有待进一步提高。

2. 缺乏实施有力的致富举措。

3. 农村基础配套设施尚不够完善。

回首过去，展望未来，村委会将以社会主义新农村建设为契机，继续贯彻落实科学发展观，坚持“依法行政、村民自治、优质服务、政策推动、综合治理”的工作方针，以西沟为龙头，带动全村早日实现社会主义新农村建设的总目标。

××村村委会

××××年××月××日

例文二

村党支部书记个人工作总结

2005年以来，我在十六大、十六届三中全会、十六届四中全会的精神指引下，解放思想、实事求是，组织和带领全村党员、干部、群众坚决贯彻和落实乡党委、政府的各项安排部署，取得了经济建设和各项社会事业的全面发展进步。现就具体工作总结如下：

一、思想政治方面

作为一名村党支部书记，我注重加强自身政治理论学习，不断提高思想政治素质，坚持用“三个代表”重要思想武装头脑、指导工作，全面、正确、积极地贯彻执行党的基本路线，坚持以经济建设为中心，坚持四项基本原则，坚持改革开放；全面贯彻中央的重大决策和部署，坚持民主集中制，在发生重大问题的关键时刻和政治斗争的风浪中能够经受住考验，坚决维护了党的集中统一。

我始终自觉地站在反分裂斗争第一线，坚决维护祖国统一和各民族大团结，始终做到政治立场坚定，旗帜鲜明；始终坚持“三个离不开”思想，充分认识到反对民族分裂主义斗争的长期性、复杂性和艰巨性，敢于同一切影响社会稳定、企图分裂祖国的思想和行动作斗争，敢于同“三股”势力作斗争，维护了我村改革发展稳定的大好局面。

二、工作方面

（一）农业农村经济方面

2005年，我带领全村广大党员干部群众加快农村经济结构战略性调整，优化种植业、主攻畜牧业、大上林果业，积极发展农村第二、第三产业，推进农业产业化经营。2005年我村各项农业生产目标任务圆满完成，并积极做好新技术推广应用，播种密植棉花1 480亩，亩产增收显著，并种植西瓜、甜瓜250亩，每亩纯收入1 000元以上，成为今年我村农民增收的新亮点。还种植550亩蔬菜，新建果园820亩，超额完成乡党委、政府下达的660亩的任务，从而保证了农民多渠道增收。村集体经济也不断发展壮大，我村由以往的“空壳”村，变为现在拥有银行存款6.5万元，解决了我村无钱办事的问题。我村按照上级要求，在全乡率先完成水费、防雹费等费用的收缴任务。我村还自筹资金对原有400亩低产田进行了彻底改造，后重新发包，村集体每亩多增收70元以上。

面对农业基础设施薄弱的情况，组织全村党员、干部、群众，投入8 000余元，新修××大桥，投资2万元新修×××大桥，方便了群众。同时组织修路，共修大小桥梁67座，在与新河交接地带，加固防洪坝，并植柳树3 900棵，防止了水土流失。

此外，大力利用“科技之冬”教育和培训农民，用先进的农业科学技术武装广大农民群众，面向市场，向农民进行市场经济知识教育，进行短期实用技术培训，增强农民市场意识、开放意识、发展意识，不断增强农民在市场经济条件下艰苦奋斗、脱贫致富的本领。

（二）政治文明建设方面

1. 加强党的作风建设，开展党风廉政建设和反腐败斗争

2005 年，我坚持按照治国必先治党，治党务必从严，落实执行党风廉政责任制，认真落实“一岗三责”，采取多种形式促使我村党风廉政建设活动收到了良好的效果，使广大党员干部组织纪律观念和工作作风有了明显改观，廉洁自律意识明显增强。

2. 不断加强党建工作

今年，我认真落实党建目标责任制，充分发挥村党支部领导核心作用和战斗堡垒作用，实现了村党支部班子团结有力、民主气氛浓厚。加强了后备干部队伍建设，培养后备干部 3 名。从阵地建设、班子建设和思想作风建设方面不断巩固提高“五好村”创建水平。

3. 通过多种形式开展教育培训工作

认真做好党员发展和党员教育培训工作，认真抓好党员电教工作，全年集中教育培训达 5 次，累计教育培训党员干部 200 人次，党员干部素质明显增强。在党员发展上继续向一线倾斜，不断改善党员队伍结构，今年发展了两名新党员，为党注入新鲜的血液。我继续抓好党建带团建“五带六同步”及促进妇建工作，指导支持青年、妇女组织开展形式多样的活动，充分发挥了群团组织的作用。还在农闲期间，投入 6 000 余元组织全村党员干部、“十户长”、林果业发展大户共 40 余人，参观了温宿县的高效规模化果园，参观人员受到了很大的启发，更新了他们的思想观念，提高了大力发展林果业的认识。

4. 积极推进依法行政，坚决维护社会稳定

今年我认真开展“四五”普法工作，落实依法治村工作，严格控制影响社会稳定的重大案件，有效遏制危害国家安全案件发生，严厉打击“三股”势力，落实“十户联防”工作机制，“创安”工作基础扎实，加强对流动人口、重点人口管理，狠抓“两项制度”的落实，依法加强对宗教事务的管理，今年未出现非法宗教活动，有效维护了我村改革发展稳定的良好局面。

（三）精神文明建设方面

今年，我带领党员干部多次开展对《公民思想道德建设纲要》等文件的学习，在不断提高党员干部思想意识的同时，也不断地提高自身的思想意识。深入持久地开展意识形态领域反分裂斗争，加强马克思主义民族观、历史观、宗教观、党的民族宗教政策和反分裂斗争的宣传，干部群众受教育面达到百分之一百。按照乡党委的统一安排部署，认真开展“加强民族团结、反对民族分裂”集中教育活动，使广大党员干部群众牢固树立“三个离不开”思想。

大力开展群众性精神文明创建活动，扎实开展“十个起来”进村工作。还积极参加乡党委组织的“五一”农牧民运动会，并取得了很好的成绩。

今年，我还带领全村党员干部群众圆满完成了乡党委、政府临时下达的各项任务，实现了“三个文明”协调发展，保证了我村经济及各项社会事业全面、健康、有序的发展。

综上所述，本人在 2005 年工作中，能够根据上级的要求，结合本村的实际情况，圆满完成年初制定的各项目标任务，维护了改革发展稳定的大局，保证了农业发展、农民增收、

农村稳定，经济及各项社会事业取得了全面发展，为我村全面建设小康社会奠定了坚实的基础。但仍存在一些不足之处，我将在今后的工作中，以“三个代表”重要思想为指导，始终保持戒骄戒躁、谦虚谨慎的作风，继续发扬优点，不断完善自己，更好地为全村人民造福。

××村党支部书记：×××

××××年××月××日

[**点评**]

例文一和例文二前言都是概括说明总体情况，给人以总体印象，主体部分分条目介绍主要的工作业绩，结语部分指出存在的问题、今后改进意见和努力方向，条理清楚、简明扼要。

练 习

一、简答题

1. 总结的概念是什么，有哪些种类？

2. 总结的写作方法及注意事项有哪些？

二、写作题

请你代村长写一份这一年以来的工作总结。

第十节 竞聘演讲稿

一、竞聘演讲稿的概念

竞聘演讲稿是竞聘者为了实现竞争上岗，在公开或特定的场合，面对评审者和听众就竞聘职位所发表的展示自我竞聘条件、阐述聘后工作设想的演说类文稿，也称竞聘演讲词、竞聘报告、竞聘书等。

二、竞聘演讲稿的写作方法

1. 标题

（1）只标示文种名称，即只书写“竞聘词”“竞聘报告”“竞聘演讲稿”等字样。

（2）竞聘者＋文种名称，如“×××的竞聘稿”。

（3）竞聘职位＋文种名称，如“竞聘××乡副乡长的演讲稿”。

（4）正标题＋副标题，正标题用一句话概括或突出竞聘演讲稿的思想内容，副标题标示竞聘者、竞聘职位及文种名称等，如“明明白白做人　实实在在做事——竞聘乡政府办公室主任的演讲词”。

2. 署名

如果标题中没有出现竞聘者的姓名，可以在标题之下居中书写竞聘者的姓名。在署名的下行居中还可以写上竞聘的日期。

3. 称谓

在标题或署名之下另起一行顶格写对评审者和听众的称呼。

4. 正文

正文一般由开头、主体和结尾三个结构层次构成。

（1）开头。一般开门见山地表明自己竞聘的职位，前面可以用简洁的礼仪性致谢词导入。开头要干净利落。

（2）主体。主体是竞聘演讲稿的核心，一般包括个人基本情况、竞聘优势所在、岗位职责认知、聘后工作设想等内容。

1）个人基本情况。首先简明地介绍个人的姓名、年龄、学历、政治面貌、现任职务等自然情况，然后对自己与竞聘职位有关的经历与资历作比较具体的说明，让评审者和听众能够了解自己的基本条件。

2）竞聘优势所在。针对竞聘的职位展示自己的政治素质、管理能力、业务能力、已有政绩等条件，明确传达出自己完全胜任竞聘职位的信息。这部分要多用事实说话，采用引而不发的办法，让评审者和听众对自己做出肯定的结论。竞聘演讲稿要尽最大可能展示出“人无我有”“人有我强”“人强我新”的胜人一筹的优势来。

3）岗位职责认知。只有对岗位职责有正确清楚的认知，才能够有的放矢地明确提出针对该岗位的工作设想，包括具体的目标、措施等，如果对岗位职责没有清晰的认知，就意味着竞聘者不具备竞聘资格。所以，在竞聘演讲词中阐述对岗位职责的认知非常必要。

4）聘后工作设想。清晰地阐明如果自己竞聘成功，对未来工作所提出的目标及实现目标的具体措施。这是评审者和听众考察竞聘者的关键点之一，所以，聘后工作设想要具体翔实、切实可行。

（3）结尾。一般用简明扼要、自然真诚的语句表明竞聘上岗的信心、对竞聘成败的态度以及对评审者和听众的谢意等，以示郑重。

三、竞聘演讲稿的写作注意事项

1. 演讲稿要把自己的内容和听众兴趣相结合；
2. 主题集中，条理清楚；
3. 多用形象实例，少用抽象论证；
4. 语言通俗易懂、节奏感强；
5. 反复修改。

例文一

竞聘××镇××村村民委员会主任的演讲稿

陈××

各位领导、评委、同志们：

大家好！我叫陈××。今天竞选××镇××村村民委员会主任。站在这里心里的确是相当紧张。不过我想，我们这次能够举行这样的村民委员会选举，而且能够让各位候选人与同志们见面，发表简短的演说，让同志们评一评、挑一挑，的确是件新鲜事，表明了我们国家向政治民主化的方向迈进了一步。所以，不管我讲得好与不好、选得上选不上，我都会为我们国家的进步而感到高兴，我也为自己能够得到大会的提名而感到光荣。

各位领导、评委、同志们，我竞聘这一职位的优势有如下四点：

第一，有过硬的政治素质。我出生在××镇××村，××村培养了我吃苦耐劳、踏踏实实、默默奉献的好品质。19××年我光荣地加入中国共产党。我在工作中认真学习邓小平理论和党的十六大会议精神，拥护“三个代表”的重要思想，是一个政治上绝对合格的共产党员。

第二，××村朝鲜族、汉族人数各占一半。作为朝鲜族，我在汉族学校上学，掌握了较好的汉语水平，这有助于与朝汉两个民族的沟通，更好地开展工作，有助于加强民族团结，使××村拧成一股劲儿加快全村的小康进程。

第三，我一直从事供销分店工作，创建新型的供销网，我做这个工作感受最深的是能更多地了解社会情况，而做得时间越长，内心深处就越发产生一种沉重的责任感和危机感。近20年的供销工作，使我具备了一定的经营能力和先进的经营理念，这有助于我在全民致富的建设中领跑。在工作的过程中，我接触到了各种各样的人，我知道他们需要什么、我们村需要什么。

第四，我本人不直接参与农村种植，可以有更多的时间处理村委会的事情，多办一些好事、实事。我和大家一样，经历了这些年××村巨大的变化。此时此刻，我与大家的心情一样，希望我们××村的建设不要满足于已经取得的成绩，而要有新的反思、新的奋起、新的创造，去争取更大的发展。

假如我能在此次竞争中脱颖而出走上主任岗位，我一定不负众望，在领导和同志们的支持下，努力学习，开拓进取，解放思想，大胆创新，紧紧围绕“三农”中心工作，不断提升农产品种植水平，为××村小康建设事业的发展作出贡献。因此我打算从以下几个方面开展工作：

第一，改善××村的环境状况，重点治理几个脏乱差的地区。争取资金修路，为××村的发展打好基础。

第二，我们要努力配合农业生产，制定好农产品结构方案，分层次地调整我们的农村产业结构。当前以及今后一个时期，要进一步加强农村产业化的活力，在政策上给以更加优惠的待遇，更加有力的扶植。农村产业化应当发展高技术含量和高附加值的农产品。具体抓农产品加工。

第三，旱田以甜瓜种植为特色，鼓励种植大豆和小豆，继续发挥水田的传统优势。

第四，摆正位置、做好配角、当好参谋。首先对本职工作要尽职尽责，向上级提供合理建议和主张，帮助村民正确作出种植决策。其次，要有统筹兼顾的意识，当好参谋和助手，使作出的决策符合大多数人的意愿。在突发事件面前能独当一面，顺利解决各类问题。总而言之，要做到尽职不越权，帮忙不添乱，补台不拆台。

第五，团结同志，虚心学习，协作发展。天时不如地利，地利不如人和，团结就是力量。只有团结，工作才能形成合力。我会协助村委会拓宽和疏通民主渠道，遇事和大家商量，虚心真诚地听取同志意见，严于律己，诚恳待人，尊重同志，关心同志，设身处地为同志着想，努力创造宽松、和谐、愉快的工作环境。兼听则明，偏信则暗，做好领导和同志、同志和同志之间的协调工作，多与大家交流思想和感情，做大家的知心朋友，努力营造一个相互信任、相互帮助、心情舒畅的工作氛围。

第六，服务奉献，勇争一流。上岗后，要把为人民服务放于首位。我始终认为当领导就意味着要吃苦在前，只有奉献，不能索取，公正廉明。同时努力学习，用自己的人格魅力，做好表率，以身示范。

在肯定优势的同时，我也清醒地认识到自己存在一些不足之处：由于这几年我一直潜心钻研营销，与村民交流思想不够。不过我有信心并相信勤能补拙，凭着我的忠诚，凭着我对新事物的接受能力和敏捷的思维，在今后工作中，在同志们的帮助和关怀下我会克服不足，把工作做得更好。

如果我能竞选上这个职位，我将珍惜这个机会，以踏实的工作作风、求真的工作态度、进取的工作精神，用心、用情、用智慧干好本职工作，为家乡的小康建设作出新的贡献。谢谢大家！

例文二

竞选村支部书记的演讲稿

田××

非常荣幸能够参加今天的村支部委员会竞选，感谢上级领导、感谢××村的全体村民给我这样一个机会。我的名字叫田××，今年31岁，汉族，曾经担任过××村党支部书记。

自我任××村党支部书记以来，在市委、市政府和镇党委、政府的关心支持下，我带领村“两委”全体班子成员，积极配合完成了24支渠路面硬化建设，完成4组至11组机耕道路的基础建设，新建村部围墙和医疗室、会议室、村部的板房。3年来，××村党支部新发展党员5人，转为正式党员5人；招商引资企业1家，到企业务工人员736人。特别是在灾后重建工作中，我带领“两委”班子全体成员，结合××村群众长年受化工区污染、早就有搬迁远离化工区愿望的实际情况，新建了一个占地120亩、建筑面积8万多平方米、827户群众入住的新小区。

一、竞选的职务和目的

我今天竞选的职务是我村党支部书记。我竞选这一职务的目的是：要带领全村群众走上致富路，早日奔小康，把我村打造为××市第一村。

二、今后的工作打算

若我被选上了新一届××村党支部书记，在今后的工作中要抓以下几方面的工作：

1. 进一步加强对党员干部和群众的学习教育，不断提高大家的思想觉悟、政策水平和发展经济的能力。

2. 不断完善我村新建小区的配套设施建设，尽量争取上面的政策，新建会所1个、建设综合市场1个、修建公厕3个、新建污水处理场1个。同时加强对小区的管理，使新小区真正成为居住环境优美、商业繁荣的新小区，使我村成为××市最美的特色村落之一。

3. 创造好投资环境，加大招商引资力度，加强土地流转工作，早日把我村24支渠以北变为工业区。

4. 加大对24支渠以南产业结构调整力度，建设以蔬菜种植为主的经济农业区。

5. 完成我村1组、2组连接道路的硬化工作。

6. 进一步搞好城乡关系，加大农村富余劳动力到企业务工的工作力度。

7. 协调好环保工作和农作物污染的赔偿工作，把群众的农作物污染损失降到最低程度。

8. 进一步培养年轻后备干部、发展新党员，为党组织不断增添新鲜血液。

9. 处处从自己做起，严格遵守党纪国法，廉洁自律，努力工作，为群众多办实事、办好事。

10. 按照镇党委、政府的要求，积极主动完成各项工作任务。

全体党员同志们：若本次支部换届选举，我没有被选上党支部书记，这证明我的工作做得不够好，没有带领群众走致富路的能力。我会在新一届党支部书记的带领下，为我村今后的发展作出自己最大的贡献。

谢谢大家！

[**点评**]

以上两篇例文开头都是开门见山地表明自己竞聘的职位，主体部分介绍个人基本情况、竞聘优势所在、聘后工作设想等，结尾部分用简明扼要、自然真诚的语句表明竞聘上岗的信心、对待竞聘成败的态度以及对评审者和听众的谢意等。

知识链接——发言稿

一、发言稿的概念

发言稿是参加会议者为了在会议或重要活动上表达自己意见、看法或汇报思想、工作情况而事先准备好的文稿。

二、怎样写发言稿

发言稿的写法比较灵活，结构形式要求也不像演讲稿那么严格，可以根据会议的内容、一件事事后的感想和需要等情况而有所区别。常见的形式有：

1. 开门见山提出本人要谈的问题及对问题的看法，然后说明理由，最后照应开头对全文做简明的总结。

2. 直接写出要讲的问题或意见，可用序号 1、2、3 等表示，问题讲完即告结束，不写开头和结尾。

3. 汇报经验、情况的发言，内容比较系统，包括情况叙述、经验介绍、体会收获等，这几方面的内容要连贯地写出来，构成一篇比较完整的文章。

三、发言稿写作的注意事项

写发言稿和演讲稿相似，写发言稿时要注意以下三点：

1. 观点要鲜明。对问题持什么看法，要明确表态。对尚未认识清楚的问题，要实事求是地说明；如果是汇报性的发言，要中心明确，重点突出，不必面面俱到。

2. 条理清楚。一篇发言稿要谈几方面的问题，每一方面问题要讲哪些条目，都要安排得有条有理，让人听起来容易抓住重点。

3. 语言简洁明快。发言要直接面向听众，所以，发言的语言一定要简洁明快，尽量不使用啰唆的句子，更不要使用一些深奥的词句，最好使用大众语言。

例文

大学生村干部就职发言稿

赵××

各位领导，各位同事：

下午好！

秋高气爽，秋意浓浓。在这收获的美好季节，在这令人无比激动、终身难忘的日子，我们在座的 42 名大学生终于迎来人生道路的又一个崭新起点，即将成为一名光荣的大学生村干部。借此机会，我代表我们 42 名即将赴任的大学生村干部，对区委、区政府给予我们的关心和爱护以及区委组织部等 5 个部门在公开选拔大学生村干部工作中付出的辛勤劳动表示衷心感谢！

今天，我们有幸从275名大学生报名者中被选拔出来担任村干部，感到无比幸运和光荣。农村和农民养育了我们，我们应该用学到的知识回报家乡父老。即将走上村干部岗位，我们深感责任重大。虽然我们从小生在农村、长在农村，但我们并不真正了解农村和农民。面对既熟悉又陌生的农村，如何更好地发挥自己的聪明才智、开展好农村工作，对我们来说是一次全新挑战。既然我们选择了“村官”，也就选择了奉献。我们将把农村作为展示自我、实现理想的新舞台，及时调整心态，摆正位置，尽快实现从学校到农村、从大学生到村干部的转变，以积极的姿态迎接未来的挑战。

“雄关漫道真如铁，而今迈步从头越”。面对崭新的未来，我们将时刻牢记全心全意为人民服务的宗旨，以饱满的精神、昂扬的斗志、良好的作风，满腔热忱地投入农村工作中。我们将虚心学习，深入调研，尽快熟悉农村工作的方针和政策，掌握农村工作的特点和规律，不断提高服务农村的本领和能力；我们将勤奋工作，创新思维，充分发挥自身的优势和特长，结合农村实际，勇于实践，努力为新农村建设添砖加瓦；我们将扑下身子，安心基层，尊重农村基层干部和农民，甘于吃苦，乐于奉献，在平凡的岗位上踏实工作，用实际行动谱写大学生村干部的绚丽诗篇！

我的发言完了，谢谢大家！

练　习

一、简答题

1. 什么是竞聘演讲稿？演讲稿有哪些种类？

2. 竞聘演讲稿的写作格式及注意事项是什么？

二、写作题

村里要举行一次村长竞选，请你根据自身的实际情况写一份竞聘演讲稿。

第二章　农村社交礼仪文书

学习目标：

◆了解请柬、聘请书的写法。

◆掌握各类祝辞的写作要求。

◆能按基本格式写表扬信、感谢信。

社交礼仪文书是指应用于社交公关礼仪场合的文书。人是社会动物，人的社会属性决定了人与人之间交往的必然性和必要性。社会交往离不开语言的交流沟通，而为了使语言更好地表达感情和思想，就需要预先反复琢磨，拟好讲话的文字稿。社交场合讲话所使用的文字稿就是社交礼仪文书。

有些情况下人们不能当面交流沟通，就需要借助书信等方式沟通，这也属于社交礼仪文书。社交礼仪场合的讲话稿和书信有时还需要在报刊、网络上发表，这就需要对格式上不很完善的稿件加以完善，形成格式上比较完善的社交礼仪文书。社交场合的讲话或者书信往来，可以增进人与人之间的了解、理解、信任，加深感情、增进友谊，也有利于建立良好的工作关系，促进双方事业的发展。

第一节　请　　柬

一、请柬的概念

请柬又称请贴，是邀请人参加典礼、出席会议、观看演出等送出的通知。

二、请柬的作用和适用范围

1. 使用请柬，既可以表示对被邀请者的尊重，又可以表示邀请者的郑重态度。

2. 凡召开各种会议，举行各种典礼、仪式和活动，均可以使用请柬。

所以请柬在款式和装帧设计上应美观、大方、精致，使被邀请者体味到主人的热情与诚意，感到喜悦和亲切。

三、请柬的写作方法

从撰写方法上说，不论哪种样式的请柬，都有标题、称谓、正文、敬语、落款和日期。

1. 标题

双柬帖封面印上或写明“请柬”二字，一般应做些艺术加工，即采用名家书法、字面烫金或加以图案装饰等。有些单柬帖，“请柬”二字写在顶端第一行，字体较正文稍大。

2. 称谓

顶格写清被邀请单位名称或个人姓名，其后加冒号。个人姓名后可注明职务、职称等。

3. 正文

另起行，前空两格，写明活动的内容、时间、地点及其他应知事项。

4. 敬语

一般以“敬请（恭请）光临”“此致敬礼”等作为结束敬语。

“此致”另起行，前空两格，再另起行，顶格写“敬礼”。

5. 落款和日期

写明邀请单位或个人姓名。落款下面写日期。

四、请柬写作的注意事项

1. 文字书写要美观，用词要谦恭，要充分表现出邀请者的热情与诚意。

2. 语言要精练、准确，凡涉及时间、地点、人名等一些关键性词语，一定要核准、查实。

3. 语言要得体、庄重。

4. 在纸质、款式和装帧设计上，要注意艺术性，做到美观、大方。

例文一

春节联欢会请柬

××先生/女士：

兹定于二月一日上午九时在乡政府会议室举行春节联欢会，敬请届时出席。

此致

敬礼

××乡政府办公室

××××年××月××日

例文二

请柬

送呈×××台启：

谨订于20××年××月××日（星期×）为×××先生、×××女士举行结婚典礼，敬备喜筵。

敬请光临

×××敬邀

席设：××酒店××厅

时间：××月××日××时

例文三

请柬

送呈×××台启：

谨订于20××年××月××日（星期×）为小儿×××（女×××）举行婚宴。

敬请光临

×××家长×××敬邀

席设：××酒店××厅

时间：××月××日××时

例文四

请柬

××电视台：

兹定于××月××日晚八时整，在××村礼堂举行换届选举，届时恭请贵台派记者光临。

××村村委会

××××年××月××日

例文五

寿宴请柬

××先生/女士：

兹定于××月××日在××举行寿宴祝贺××五十寿辰。

恭候光临

××× 鞠躬

××××年××月××日

[**点评**]

以上五篇例文虽然格式和邀请的内容不同，但都写明了时间、地点、事由，使接到请柬的人明了出席的地点及时间。

知识链接——请柬的尺寸和样式

请柬在中国由来已久，形式有竖有横，颜色多为大红色。内文撰写的方式到今日依然大致相同，有一套俗成的礼仪用语。较特别的是日期通常会印上两种日期，一种是农历日期，一种是公历日期。此外，有些家庭也会印上祖父母辈的姓名。西方的请柬则多为横式，颜色以浅白色、浅粉红色为多，少有大红色的请柬。在请柬用字上，多为手写字体。不少的西式请柬可能采用复杂的花式手写字体，在印刷方式上有浮雕压印、凸版印刷、热浮凸印刷、雕空字体等。

传统请柬主要分三种形式，正方形、长方形、长条形。这些产品的外形和尺寸都有一定的比例和大小。过大或过小都会给感官造成不适。大了不精致，小了不大气、不稳重。正方形请柬尺寸范围在 130 mm×130 mm 至 150 mm×150 mm。在国外，通常在卡内增加副卡（如路线卡、回复卡、项目卡等），一般可以做到 100 mm×100 mm 左右。长方形请柬尺寸范围在 170 mm×115 mm 至 190 mm×128 mm，两边比例要符合黄金分割。如有副卡，不宜太大。长条形请柬尺寸范围在 210 mm×110 mm 至 250 mm×110 mm，大小要随比例改变。打开方式只适合横向和单边打开。

随着时代的发展，打破传统样式的个性化请柬也越来越受到人们的欢迎。

练　　习

一、简答题

1. 什么是请柬？它有哪些作用？

2. 请柬包括哪几部分？请柬写作的注意事项有哪些？

二、写作题

1. ××××年××月××日上午××时，在乡政府大礼堂举行××镇振兴中学建校 30 周年庆祝大会，请你给程××老师写一份请柬。

2. 假设你的儿子于××××年××月××日满月，写一份请柬邀请乡医院医生来喝满月酒，时间地点自拟。

第二节 聘 请 书

一、聘请书的概念

聘请书又可以简称为聘书，一般在请外单位人员或专家来担任某种工作职务或进行某项技术指导时，为了表示庄重而使用的一种文体。

二、聘请书的适用范围

聘请书一般适用于以下一些情况：

1. 学校、工矿企业等在需要某方面有特长或有专业技能的人才时发出聘请书。这种情况下，往往是用人单位承担了某项工作，靠自己本单位或现有的人才资源无法顺利完成任务；或者由于企业的发展、事业的扩大，需重新聘用一些有专长、在工作中起重大作用的人。总之，这是一种对专业人才所发的聘请书。

2. 社会团体或某些重要的活动为了提高自身的知名度、扩大影响力，常常聘请一些有名望的人加盟或参与，以期更好地开展活动。如聘请名人作顾问、作指导，作为某项比赛的评委等均属于这种情况。

三、聘请书的写作方法

聘请书一般已按照书信格式印制好，中心内容由发文者填写即可。完整的聘请书的格式一般由以下几部分构成。

1. 标题

聘请书往往在正中写上“聘书”或“聘请书”字样，有的聘请书也可以不写标题。已印制好的聘请书标题常用烫金或大写的“聘书”或“聘请书”字样组成。

2. 称谓

聘请书上被聘者的姓名称呼可以在开头顶格写，然后再加冒号；也可以在正文中写明受聘人的姓名称呼。常见的印制好的聘请书则大都在第一行空两格写“兹聘请×××……”。

3. 正文

聘请书的正文一般要求包括以下内容：

首先，交代聘请的原因和请去所干的工作，或所要担任的职务。

其次，写明聘任期限。如“聘期两年”“聘期自 2009 年 2 月 20 日至 2011 年 2 月 20 日”。

再次，聘任待遇。聘任待遇可直接写在聘请书上，也可另附详尽的聘约或公函写明具体待遇，这要视情况而定。

最后，正文还要写上对被聘者的希望。一般可以写在聘请书上，但也可以不写，而通过其他的途径使受聘人切实明白自己的职责。

4. 结尾

聘书的结尾一般写上表示敬意和祝颂的结束用语。如“此致敬礼”“此聘”等。

5. 落款

落款要署上发文单位名称或单位领导的姓名、职务并署上发文日期，同时要加盖公章。

例文一

聘请书

××同志：

我村将于×月×日至×月×日举办果树栽培技术培训班，特聘请您担任教师，聘期自×年×月×日至×年×月×日。

此致

敬礼

××村村委会（公章）

××××年××月××日

例文二

聘书

兹聘请赵××同志为××村电网维修总工程师，聘期自××××年××月××日至××××年××月××日。聘任期间享受高级工程师全额工资待遇。

××村村委会（公章）

××××年××月××日

［点评］

例文一和例文二虽然格式不同，内容短小，但都交代了聘请的职务、期限，使受聘人切实明白自己的职务。

练　习

一、简答题

1. 什么是聘请书?

2. 聘请书由哪几部分构成?

二、写作题

1. 假设你们村需要聘请一位园艺师，请你代村长写一封聘请书。

2. 红旗镇中学要聘请王毅教授为名誉校长，请你代红旗镇中学写一封聘请书。

第三节　祝　辞

一、祝辞的概念

祝辞是指在各种喜庆场合中对人、对事表示祝贺的言辞或文章。

二、祝辞的种类

祝辞的种类根据不同的祝颂对象，大体上分为三种：

1. 事业祝辞

事业祝辞是常用的一种祝辞，多用于祝贺会议开幕、工程竣工、剪彩、新年伊始，以及某社团、机构、报刊创办或节日、纪念日等。

2. 寿诞祝辞

寿诞祝辞的对象主要是老年人。祝辞的主要内容，一是庆祝，祝愿某人幸福、健康、长寿；二是赞颂其品性、功德。

3. 祝酒辞

祝酒，在现代社会已发展成为一种招待宾客的礼仪。客人初到，设宴洗尘，宴会伊始，主人和客人都要致祝酒辞。酒并不是祝的对象，而是人们交往中的一种媒介、一种祝愿形式。祝酒辞的写法与事业祝辞的写法基本相同，只是开头、结尾略有区别，结尾时一般都要提出为参加宴会及与之有关人员的健康、为与宴会有关的事业的发展干杯。

三、祝辞的写作方法

祝辞一般由标题、称呼、正文、结尾四部分组成。

1. 标题

一般由致词场合、致词人和文种三个要素组成。如：××在××招待会上的祝辞，就是由致词人、致词场合和文种三要素组成的一个完整的标题。三个要素排列顺序可以有所变动，也可酌情简化。

2. 称呼

顶格写称呼，后要加冒号。如："××先生："“×××经理先生："“××董事长："等。称呼要热情友好，可以加头衔或表示亲切、尊重的词语。

3. 正文

正文是祝辞的主体部分，可以分层表述：一是致词者在什么情况下、代表谁，向出席者（贵宾、朋友、上层领导、经济伙伴等）表示欢迎、感谢和问候。二是回顾过去，概括以往所取得的成就以及变化和发展。三是联系当前所面临的光荣而艰巨的使命，放眼全局，展望未来。

4. 结尾

另起一行，写上表示祝愿的词语，要独占一行，后面加感叹号作结。一般祝辞可以不用加日期。

四、祝辞写作的基本要求

好的祝辞除了语言慎重、注重感情以外，还要了解祝辞对象。只有了解祝辞对象才能避免在写祝辞时张冠李戴、闹笑话。作为一种社交礼仪，祝辞语言一定要准确、简练、通俗、优美。

准确是最基本的要求。对人、对事都要客观公正，实事求是，不能因为是祝辞，就过分地夸张；当然，适当的赞美是有益的。

简练是在准确之上的又一高层次要求。祝辞常常是很简短的，有时甚至少到几个字，言简意赅，既能让人回味，又能节约时间。这样的祝辞是普遍受人欢迎的。

通俗，即浅显易懂，而非庸俗或俗套。

优美是对祝辞的最高要求。祝辞不仅要求能传情达意，同时要给人以美的艺术享受。这种优美有时并不在于华丽的辞藻，而主要在于构思的巧妙，能够给人耳目一新之感。祝辞，表达的是美好的祝愿，是令人高兴和愉快的事。但是否能达到这样的效果，还主要在于祝辞者的感情流露。祝辞的内容如果是发自祝辞者内心的，是有感而发的，就是真情。

例文一

证婚词

各位来宾：

今天，我受新郎、新娘的重托，担任××先生与××小姐结婚的证婚人，感到十分荣幸。在这神圣而又庄严的婚礼仪式上，能为这对珠联璧合、佳偶天成的新人证婚感到分外荣兴，也是难得的机遇。

各位来宾，新郎××先生现在××单位，从事××工作，担任××职务，今年××岁，新郎不仅英俊潇洒、忠厚诚实，而且有颗善良的心、为人和善；不仅工作上认真负责、任劳任怨，而且在业务上刻苦钻研、成绩突出，是一位才华出众的好青年。

新娘××小姐现在××单位，从事××工作，担任××职务，今年××岁。新娘长得漂亮，具有东方女性的内在美，心灵纯洁，勤奋好学，手巧能干，善于当家理财。

古人说：心有灵犀一点通。新郎新娘心心相印。他们将相守一生。

此刻，新郎新娘结为恩爱夫妻。从今以后，无论贫富、疾病、环境恶劣、生死存亡，都要一心一意爱护对方，在人生的旅程中相互扶持，白头偕老。

最后，祝新郎新娘同心永结，幸福美满。谢谢大家！

证婚人：×××

××××年××月××日

例文二

升学祝辞

尊敬的各位来宾、各位亲友：

大家好！8月，是收获的季节；8月，更是充满喜气的季节。今天，在这个美好的季节里我们欢聚一堂，共同庆祝×××先生、×××女士的爱女×××同学金榜题名，荣登科第。十年寒窗终有报，春风得意马蹄疾。×××同学经过十年寒窗苦读，努力拼搏，终于以优异的成绩考入×××大学。首先让我们大家以热烈的掌声向×××同学表示祝贺！

父爱如山，母爱如海。×××同学能取得今天的成绩，离不开老师的苦心栽培和自己的努力拼搏，更离不开父母多年来的精心哺育和培养，离不开爸爸、妈妈的谆谆教导与关心。他们夫妇能培育出这样出色的女儿，既是他们的骄傲，也是我们的榜样。在此，让我们大家把最好的祝福送给他们，祝他们身体健康，事业成功，心想事成！

一分耕耘，一分收获。数载寒窗苦读，今朝鲤跃龙门。小树已经长大，小鸟就要离开爸妈的怀抱。今天，是一个吉祥的日子，此时，更是一个醉人的时刻，让我们把最美好的祝愿送给×××同学，祝她在新的求学路上，一帆风顺，学业有成！也祝愿在座各位亲朋好友、各位来宾家庭幸福，和谐美满，身体安康，事业有成！谢谢大家！

例文三

入伍祝辞

尊敬的各位来宾、各位亲友：

大家晚上好!

今天，我们在这里欢聚一堂，共庆帅气十足的小伙儿王××参军入伍，即将履行手持钢枪保家卫国的神圣职责。在此，我谨代表×××全体，向王××表示衷心的祝贺，祝愿你一袭军绿展梦想，刻苦训练强素质，不畏艰难创战功，捷报频传耀祖堂。同时，也希望你不辱使命卫华夏，牢记父母恩情念家乡，不忘同窗思友情，人民子弟是栋梁。

最后，祝愿各位领导、各位嘉宾，女士们、先生们、朋友们，身心健，福禄全，吉祥幸福，一生安康。

谢谢大家!

[**点评**]

以上三篇例文，语言准确、简练、通俗、优美。内容首先都说明了致词者是在什么情况下、代表谁，向出席者表示欢迎、感谢和问候；然后回顾过去，概括以往所取得的成就以及变化和发展；最后联系当前所面临的光荣而艰巨的使命展望未来。

练　习

一、简答题

1. 祝辞可以分为哪几类?

2. 祝辞的结构可以分为哪几部分?

二、写作题

1. 值此新春佳节之际，请你代红星乡乡长写一份新年祝酒词。

2. 适逢张明与梁香之子大婚之喜，请你代表来宾写一份婚礼祝辞。

第四节　表　扬　信

一、表扬信的概念

表扬信是表彰个人或集体的先进事迹、先进思想的一种专用书信。其写作目的是使被表扬者受到鼓舞，使广大群众得到教育，从而弘扬正气，褒奖良善，推动社会主义精神文明建设的发展。

表扬信可以直接写给表扬对象，也可以写给表扬对象的所属单位，还可以写给报刊社、电台、电视台等新闻媒体。

二、表扬信的种类

从被表扬者的身份来看，表扬信包括对集体的表扬和对个人的表扬。从表扬者和被表扬者双方的关系来看，表扬信可以分为上级对下级的表扬、团体对个人的表扬和群众之间的表扬。

三、表扬信的写作方法

表扬信通常由标题、称谓、正文、结尾和落款五部分组成。

1. 标题

一般居中书写“表扬信”三个字。

2. 称谓

另起一行顶格写被表扬的单位、团体或个人的名称、姓名（后面加冒号）。写给个人的表扬信，应在姓名之后加上同志、先生等称呼。如果是直接张贴到某单位、团体的表扬信，开头可不必再写受文单位。

3. 正文

另起一行空两格写。可分三层写。

首先交代表扬的理由，概括叙述事件的经过、结果，重点写明关键细节，用具体事实说明表扬的缘由，突出被表扬者事迹中最有教育意义的方面。

其次指出行为的意义，在叙事的基础上点明被表扬者所作所为的意义，评价该事件反映出的好思想、好品质、好风尚。

最后提出对对方的表扬，或者向对方的单位提出建议，希望给予表扬。

4. 结尾

一般写上“此致敬礼”等惯用语。

5. 落款

写上发表扬信的单位名称或个人姓名并注明年、月、日。如果署名是单位，则要加盖公章。

四、表扬信写作的注意事项

叙事要实事求是。叙述被表扬的人和事一定要准确无误，既不夸大，也不缩小。评价要实事求是，恰如其分。

要用事实说理。要充分反映出对方的可贵品质。写动人事迹要做到见人、见事、见精神。不要以空泛的说理代替动人的事迹。

表扬信语气要热情、恳切，文字要朴素、精练，篇幅要短小精悍。

例文一

表扬信

尊敬的农信社领导：

我叫刘阳，在县城内干个体。7月10日下午，我外出办事时，不慎将皮包丢失。包内有现金7 600元、3万多余额的银行卡两张、价值2 600元的手机一部和我的驾驶执照。皮包丢失后，我万分着急，立即赶往城区派出所报了案。

本对找回失物不抱太大希望，没想到，半个小时后，我随身携带的小灵通响了，里面传来了一位女同志的声音，问我是否刚刚丢了皮包，我连声称是，她又要我报出包内财务明细，得到准确无误的答复后，让我到北环路××中学大门口取包。我又惊又喜，连忙赶往指定地点。一年轻女子正在等候，再次核对钱物后，她将皮包递给了我，并主动要求我核对一下包内东西，我打开包一看，包内钱物一分不少。原来，该同志捡到包后，等了一会儿见无人认领，就拨打了包中手机里储存的电话，询问了我的几个亲朋后，找到了我的小灵通联系方式，最终联系上了我。我连声称谢，一边询问其姓名，一边拿出部分现金表示心意。谁知该同志坚决不收，也未留下姓名，迅速离去。

后经我和家人多方打听，才知这位女同志叫于红，是贵单位商业街分社的一名工作人员。对于红同志拾金不昧、做好事不留姓名、不图回报的高尚品德，我和我的家人都非常感动。于红同志高尚的品行，让我看到了贵单位员工良好的精神风貌。借此机会向贵单位和于红同志表示衷心的感谢，并致以崇高的敬意。

此致

敬礼

刘阳

××××年××月××日

例文二

表扬信

尊敬的供电所领导：

您好！

我们是张家村村民代表。××镇张家村有200余户用户，村里架设线路已有十余年，其间没有再改造过。近几年，随着改革开放的不断深入，张家村村民纷纷搞起了养殖业、加工业。随着负荷不断增加，加上线路线径细，每到用电高峰，电灯忽明忽暗，电机转不起来，一些个体加工业无法生产，有的个体户搬到了外地发展，给张家村的经济造成了影响。

贵所工作人员于上月月底到达我村，冒着严寒，起早贪黑、加班加点为张家村改造线路。经过5天的紧张施工，改造后的线路电压高了、电压稳了、也不跳闸了，使我们村在元旦前用上了安全可靠的电，满足了村民的生活需求，推动了村里的经济发展。你们这种不怕吃苦、不怕困难、真情服务的精神让我们感动，我们代表全村村民向张庄供电所表示感谢。

祝贵所所有员工新年快乐、幸福安康！

张家村村民：张×× 赵×× 韩×× 刘××
李×× 王×× 徐×× 何××
××××年××月××日

［**点评**］

例文一和例文二分别是写给个人和集体的，具体而充分地表扬了于红和供电所工作人员。这两封信事例典型，评价恰当，语言中肯，容易使读者在信服之余产生向他们学习的愿望和行动。这也正是表扬信的目的所在。

知识链接——批评信

一、批评信的概念

批评信是对个人或单位的错误言行提出批评的信件。

二、批评信的写作格式

1. 标题

批评信的标题一般不居中写“批评信”三个字，而是以批评事项作标题。

2. 称谓

顶格写被批评的单位或个人名称。如果是批评个人的，应在姓名之后加上“同志”“先生”等字样，并在后边加冒号。

3. 正文

写明所批评的缘由。本部分须另起一行，空两格写。

4. 结尾

如果是批评单位或领导者的，可对被批评的错误事项提出正确建议；如果是批评个人的，则要写些鼓励的话。

5. 署名

签上批评者姓名或单位的名称，并在下方注明年、月、日。

例文

“硬逼顾客吃饭”的做法不可取

编辑同志：

前不久，我出差去××，在××街附近被一家个体饭店的服务员硬逼着吃了一顿饭。回想起来觉得不是滋味。

在那条街上有六七家个体饭馆，几乎每家店前都有一两个年轻“女招待”。她们看见有人往饭馆张望，便连拉带扯地把人弄进去，不容分说地把面条、水饺端到你跟前，硬逼着你吃。

做生意笑脸相迎、热情待客是应该的，但买不买东西、吃不吃饭，应由顾客自愿，怎能拉客逼客吃饭呢？生意的好坏不仅与服务态度有关，更主要的是靠经营商品的质量、品种和价格的合理取得顾客的信任。那种用“拉”“扯”的办法逼顾客吃饭是招不到更多客人的。

××学院学生：于××
××××年××月××日

练　习

一、简答题

1. 什么是表扬信？

2. 表扬信的种类有哪些？

二、写作题

2007 年 8 月以来，××村村民张晓灵、刘剑一直坚持在村里回收废旧电池，并定期在村里举行“环保小知识”宣传活动。在他们的宣传带动下，村民不但养成了将废旧电池集中处理的习惯，而且在生活中环保意识大大增强。请你代村委会给两位村民写一封表扬信。

三、改错题

阅读下面这封表扬信，然后回答问题。

表扬信

××厂负责同志：

晚上 7 时许，我们的饭庄结束了营业，灶间余火已快熄灭，工作人员都以为残火将尽，便相继离去。8 时许，饭庄的灶间火红一片，邻家饭店——××冷面店的工人赵大成见状急忙出来，见大门已经锁牢，而油火仍然呼呼往上蹿。正当他想破窗而入的时候，正在××冷面店吃饭的你厂青年工人跑了出来，用凳子击破门窗，疾步跑进屋内。他俩一见是难以扑灭的油火，便招呼人们往屋里递饭庄对面沙堆的沙子。人们用盆、桶等各种器具把沙子递过去，仅十几分钟，一场可能酿成大灾的火就扑灭了。等他俩出来时，衣服、手、脸，一块黑一块红的。大家由衷地称赞说："全亏你俩啦！"他俩笑笑说："你们说得没错！"说完就忙着回冷面店算饭钱了。

接到火警赶来的饭庄的同志们问他俩的单位和姓名，他俩怎么都不肯说，直到人们围着不放他俩走，他俩才说出单位和姓名。

徐涛和韩永智两位青年同志热爱国家财产、沉着应战、公而忘私的精神为我们树立了良好的榜样，我们除了向两位同志学习以外，并写这封信，请领导予以表彰。

此致

敬礼

××饭店全体职工

××××年××月××日

1. 这封表扬信的开头一段文字有两处没有交代清楚，影响了表扬事由的完整性，请指出来。

第一处是＿＿＿＿＿＿＿＿＿＿＿＿＿＿＿＿＿＿＿＿＿＿＿＿＿＿＿＿＿＿＿＿＿＿。

第二处是＿＿＿＿＿＿＿＿＿＿＿＿＿＿＿＿＿＿＿＿＿＿＿＿＿＿＿＿＿＿＿＿＿＿。

2. 第一段画线的句子中有语言表述不得体之处，应把＿＿＿＿＿＿＿＿＿＿＿＿＿＿修改为＿＿＿＿＿＿＿＿＿＿＿＿＿＿＿＿＿＿＿＿＿＿＿＿＿＿。

3. 最后一段画线的句子中有评价不恰当之处，应把＿＿＿＿＿＿＿＿＿＿＿＿＿＿＿修改为＿＿＿＿＿＿＿＿＿＿＿＿＿＿＿＿＿＿＿＿＿＿＿＿＿＿。

第五节　感　谢　信

一、感谢信的概念

感谢信是对支援、帮助、关心过自己的社会团体、企事业单位或个人表示感谢的公关礼仪性专用书信。感谢信多用于张贴，也可以邮寄，还可以通过媒体发布。

二、感谢信的种类

感谢信依据不同的标准可以有不同的分法。按写信者分类，可分为个人写的、集体写的、单位写的感谢信。按收信者分类，可分为写给个人的、集体的、单位的感谢信。按信件内容分类，可分为以人为主的、以事为主的感谢信。

三、感谢信的写作方法

感谢信通常由标题、称谓、正文、结尾、署名和日期六部分构成。

1. 标题

可以单独由文种名组成，如“感谢信”；可以由感谢对象和文种名共同组成，如“××村致××学院的感谢信”。

2. 称谓

换行顶格写被感谢的单位、团体或个人的名称或姓名（后面加冒号）。如果感谢对象比较多，可以把感谢对象放在正文中提出。

3. 正文

从称谓下移一行空两格开始写，包括感谢的内容和感谢的心情。一般先写出感谢的事由和感谢者的心情；要交代事情的前因后果（时间、地点、人物、事件、原因和结果），重点叙述关键时刻对方给予的关心和支持，突出对方的好品德、好作风。再写出事件的意义及感谢者的态度。在叙事的基础上指出对方的关心和帮助对整件事情成功的重要性以及体现出的可贵精神，有时还可表示向对方学习的态度和决心。

4. 结尾

写上表示敬意、感谢的话，如“此致敬礼”“致以诚挚的敬意”等。

5. 署名

写上发文单位名称或发文者的姓名，如果署名是单位，还要加盖公章。

6. 日期

署名的下方要写上成文日期。

四、感谢信写作的注意事项

1. 以说明具体事实为主，切勿不着边际地大发议论。务必准确地叙述事件发生的时间、地点及其他详细情况，说明自己得到了哪些帮助，这些帮助又产生了哪些影响。

2. 感谢信以感谢为主，感谢应真诚、朴实，表达谢意时要符合实际，要照顾到感谢对象的身份、年龄、性别、学历、修养等情况，以便恰到好处地表达谢意。

3. 语言上要求精练，遣词造句要把握好尺度，不可过分雕饰、华丽多彩。篇幅不宜太长。

例文一

感谢信

××畜牧局局长：

今年×月我村发生猪瘟疫，周围村庄的猪也面临被传染的危险。在危急时刻，贵单位毅然伸出援助之手，派出×名骨干技术人员前来我村根治瘟疫。经过他们不分白天黑夜的奋战，最终避免了一场灾害的发生。

在此，我们全村村民对贵单位给予我们的帮助和关怀表示衷心的感谢并致以崇高的敬意。

此致

敬礼

××县××乡××村民委员会（公章）

××××年××月××日

例文二

感谢信

尊敬的××技师学院领导：

你们好！

我叫刘××，是种植十三班的学员，从小因为家里贫困，小学四年级便辍学在家务农，由于文化水平低，关于种植、养殖方面的书籍中许多专业术语不懂，在农活上走了不少弯路，一直想有机会继续读书。

今年3月，贵院涉农教研室的教师来到了我村，不收学费，还为我们免费发笔发本，请来专业教师给我们上课，每年还给1 500元的助学金，让我们很是感动。农忙时，农业专业技术人员在选种、施肥、杀虫、抗旱等方面给予我们实际指导，解决了我们农业生产中的实际问题。老师讲课通俗易懂，讲解的种植、养殖知识又是我们春耕生产中急需的，贵院老师所做的一切让我们真真切切地体会到了国家的惠农惠民政策。

通过听课，我们对选种、施肥、打垄、防治病虫害都有了较深的认识，由以前靠天吃饭的传统观念转变为对农业科学技术的认可。通过这段时间的学习，我们树立起了学科学、信科学、用科学的理念，对运用农业科学技术提高产量，最大限度避免经济损失产生了空前的信心。

此次学习，圆了我的上学梦，感谢学院领导对农民的重视，给我们农民带来了实惠，我会珍惜此次学习机会，用丰收的果实来报答你们。

此致

敬礼

××村村民　赵××

××××年××月××日

例文三

感谢信

尊敬的市公安局党委：

我们是××市建筑业农民工的部分代表，来自××、××、××以及××周边农村等地。刚刚度过国庆节，为了养活老婆、孩子，我们早已返回建筑工地，努力再挣一些钱回家过年。

在这里，我要向您表示感谢，感谢市公安局姜××副局长、应急联动中心赵××副主任、特警支队韩××政委等领导能够为我们伸张正义，致使开发商主动交出拖欠的部分农民工工资40万元。这是我们的血汗钱，也是今后的生活来源。没有你们对开发商的教育感化，开发商就欺负我们弱势群体，就恶意拖欠工资。家里的亲人托我们一定要感谢你们公安机关对农民工的关心和帮助。

我们原是在××“幸福公寓”小区干活的80名农民工，工程结束时，开发商拖欠我们工资80余万元。20××年春节前夕，市局姜××副局长、赵××副主任、特警韩××政委已帮助化解矛盾，开发商冯××主动拿出15万元交给我们，虽然少了点，但我们可以回家过年了。余款工资70余万元，开发商答应在20××年6月份还清，但直至中秋节也没有消息。正当我们背着行李卷在桥边徘徊的时候，特警支队韩××政委带领民警给我们送来了水和面包，问寒问暖，并给我们安排住宿，解决了风餐露宿的苦头，保证了第二天顺利回家团圆。国庆节前夕，当我们再次向开发商讨要工资的时候，开发商却了无踪影。特警支队韩××政委带领张××等工作人员又来到我们身边，深入了解情况后，把我们的呼声带到市政府相关部门。终于，在市政法委杨××书记的关怀下，在公安机关领导的努力下，开发商再次拿出40万元工资交到我们的手里，让我们过好节。我们和家人无比激动。

今天特给市公安局党委写一封感谢信。平日里关心我们的姜××副局长、赵××副主任、韩××政委等领导，不愧是人民的好公仆、农民工的好朋友，有了你们的体贴照顾，才有了我们百姓的安居乐业。代表家人送上锦旗一面，再次感谢你们。并由衷地祝愿你们身体健康、工作顺利。

此致

敬礼

八十名农民工代表：李××（代笔）

××××年××月××日

［**点评**］

三封感谢信都是先写出了感谢的事由和感谢者的心情；交代清楚事情的前因后果，并重点叙述关键时刻对方给予自己的关心和支持，突出了对方的好品德、好作风。最后写明了事件的意义及感谢者的感激之情。在叙事的基础上指出对方的关心和帮助对整件事情成功的重要性以及体现出的可贵精神，格式规范，语言简练，情感真挚，值得借鉴。

知识链接——慰问信

慰问信是以组织或个人名义向某一集体或个人表示关怀和问候的信件。它多在节日或遇有重大事件或特殊情况时使用。慰问信可寄给本人及本人所在的单位，也可以登报或广播。

慰问信一般由标题、称谓、正文、署名和日期构成。

1. 标题

第一行正中写“慰问信”或“×××致×××的慰问信”等字样。

2. 称谓

第二行顶格写单位、个人名称。

3. 正文

第三行空两格起，写慰问的主要内容，包括以下几个方面：

(1) 原因背景。用简要文字陈述目前形势，写明慰问的背景和原因，以提起下文。

(2) 叙述事实。应比较全面、具体地叙述对方的模范事迹或遇到的困难，要实事求是肯定其功绩，然后向对方表示慰问和学习。

(3) 结语部分。先结合形势与任务提出殷切的希望，接着表示共同的愿望和决心，最后用一句慰勉与祝愿的话作结。

4. 署名、日期

正文右下方写明发文单位或发文者姓名。署名下一行写年、月、日。

例文一

×××部队致家长的慰问信

尊敬的家长：

在我国人民的传统节日春节即将来临之际，我们全连官兵向辛勤工作在各行各业的家长同志们表示亲切的慰问并致以崇高的敬意。

过去的一年，我们在以江泽民同志为核心的党中央领导下，我国社会主义事业蓬勃发展，经济建设成就辉煌。军队建设在邓小平同志新时期军队建设思想的指导下，按照江泽民同志“五句话”等要求得到全面加强，军队的革命化、现代化、正规化建设水平不断提高。我们连队在上级机关和各级首长的领导帮助下，圆满完成了各项工作任务，连队建设又迈上了新的台阶。被军、师、团评为军事训练先进单位；连队党支部也被师、团评为先进党支部。这些成绩的取得与您的儿子——×××和全连官兵的共同努力是分不开的，他们为连队建设跨入先进行列作出了积极的贡献。当然，这些成绩中，也包含着每位家长同志的支持和贡献。为此，我们再一次向尊敬的家长同志们表示诚挚的感谢。同时，也希望家长同志们继续支持、关心我们连队的建设，为把您的儿子培养成“军地两用人才”共同努力。

最后，祝家长同志们身体健康，家庭和睦，春节愉快。

×××部队步兵第七连党支部

××××年××月××日

例文二

慰问信

日本政府：

我是中国四川省汶川的一名普通群众徐××。我们了解到日本本州岛附近海域发生强烈地震，造成巨大损失和人员伤亡、失踪。灾情发生后，我们非常关切灾情，随时关注地震、海啸引发的灾难程度，对灾害的突然发生深表痛心，对灾害造成的损失深表关切，特此向地震灾区的所有朋友致以最深切的慰问。

在灾难面前，最重要的是信念和勇气。2008 年汶川地震，使我们始终坚信，大家同舟共济，必能渡过难关，重建美好的家园。我们将会号召我们的朋友以各种形式积极参与到日本人民救灾活动中，做力所能及的事情，大家携手共同面对这次灾难。

我们一直非常关注日本地震的消息，9 级的地震带来的海啸等灾害给日本人民带来了巨大损失，这也是地球村人们的灾难。我谨代表汶川所有群众表示诚挚慰问，向地震灾害中不幸遇难者表示深切哀悼。

希望所有日本朋友安好。

徐××

××××年××月××日

练　　习

一、简答题

1. 感谢信的概念及适用范围是什么？

2. 感谢信的写作方法及注意事项是什么？

二、写作题

今年我县遇到了特大洪水灾害。在万分紧急的情况下，××部队全体官兵到我镇抢险抗洪，请你替县人民政府写一封感谢信。

第三章　农村传媒信息文书

学习目标：

◆了解什么是简报，常用的简报有哪些。

◆掌握广播稿、板报稿、喜报的写作要求。

◆能按海报的基本格式写作。

当今时代已步入信息化社会，每个人都置身于信息的制作、传递和接收中。其中用于向公众发布的信息文书，就称为传媒信息文书。本章结合农村实际，主要介绍广播稿、板报稿、简报、喜报、海报的写作。

第一节　广播稿和板报稿

一、广播稿的概念

广播稿是指为电视台、电台、广播站撰写的用于口头播讲的稿件。其内容没有多大的限制，可播新闻报道，可播启事通知，可以介绍科技知识，可以介绍经验，使用非常广泛。

二、广播稿的写作方法

广播稿一般由标题和正文两部分组成。

标题一般是对内容的概括，播讲时有时可以省去。

由于广播稿靠语音传播信息，为便于口读耳听，拟定广播稿正文必须注意以下几点：

1. 写好导语。要先打招呼，请求听众收听，增强吸引力。

2. 主题单一集中。要抓住要点，少做深度挖掘，不蔓不枝，便于听众把握。

3. 结构简洁明了。一般按事物发展过程的顺序来写，因为这样顺乎人们听的思路和习惯。也可采用倒叙，设置悬念，增强吸引力。

4. 要通俗化、口语化。广播是一种作用于听觉的媒体，广播语言要有可听性，要通俗易懂，朴实无华，念起来顺口，听起来省力。因此，用语要通俗，少用方言土语，少用书面词汇、文言词汇和单音词，尽量不用群众不熟悉的简化词或简称。句子要短，少用或不用长句；句式要有变化，可运用设问、排比、对偶等句式，使文章有文采；适当选择主动句、被动句、肯定句、否定句等句式，增强感染力。

5. 结尾不要落俗套。

例文一

六孔秤盘卖鱼翁

今天，记者在双河农贸市场，见到一位挑着一担鲜鱼，提着六孔秤盘的老人。当他一到市场，买鱼人便呼啦一下拥了过来，争相选购。一位中年妇女在鱼桶里选了几条活蹦乱跳的鲫鱼往秤盘里一放："喂，老大伯快点称嘛！我还要上班。"老人把秤提得高高的，笑眯眯地说："别急嘛，你看！"只见六个孔里的水珠直往下滴。这时记者才悟出六孔秤盘的道理。

这位老人叫龙××，是××乡××村的养鱼专业户。今年8月的一天，他挑了一担鲜鱼到市场上卖，每称一次鱼秤盘里都有些水，心里感到不是滋味："把水当鱼卖，这是卖的亏心钱！"他回到家里，就用钉子叮叮当当在秤盘上钉了六个孔。老伴见了埋怨道："鲜鱼水中捞的嘛，哪能没有水！"老汉笑嘻嘻地对老伴说："人嘛要讲道德，我活了60多年都没有做过亏心事，怎能把水当鱼卖？"说得老伴点头笑了。

例文二

要像拉船过滩那样齐心协力

（船工号子声扬起压低）

听众朋友：我们现在听到的是大家熟悉的船工号子声。这优美雄壮的劳动歌声，使我想起了船工们那种齐心协力拉船过滩的动人情景。当船进入险滩急流时，只见船上的舵手，双手紧掌船舵，使船不偏离航道；前驾长手握篙杆，东撑西点，与后驾长紧密配合；船工们匍匐拉着船，脚蹬、手爬，步调一致，一步一步地向着预定的港口前进。

是什么力量使他们这样团结奋战呢？这是因为每一只船上的职工都明确共同的目标。要实现这个目标，在前进的航道上不可能没有险滩急流，因此，他们下定了拉船过滩的决心，同时因为他们有战胜险滩恶水的过硬本领。常言说的"驾长心里装的全是石头"，是说驾长对一条航道，哪里是险滩，哪里有暗礁，都了如指掌，并且掌握了水涨水落的脾气。如果一个驾长对航道的情况不了解，又不懂河水变化了的航道特点，那船就会触礁沉没；一个船工没有拉船的本领，一上阵准会被纤绳赶下河去，这怎么能使船到目的地呢？所以驾长必经过严格考核选拔，船工又是驾长信得过的水手。他们相互信任，又有明确分工，做到人有专职，职有专责，奋战在自己的岗位上，紧密配合做好本职工作，保证完成全局任务。

当前，我们正处在改革开放中。在这改革的浪潮中，我们每一个单位好比一只航行的大木船，绝大多数单位的领导和群众都像拉船过滩那样齐心协力为四化建设出力流汗。但是，我们有些同志，刚进入改革的洪流就手忙脚乱，一个往东扳舵，一个往西撑船。职工像船工一样受到强烈的震动，摇摇晃晃，乱成一团，于是凭着“干不干少不了三顿饭”在那里扯皮。我们希望这些单位的同志像船上职工那样胸怀共同目标。特别是领导要像前后驾长那样团结；要像驾长熟悉河道那样熟悉党的方针政策；要像驾长那样适应水涨水落变化了的情况，按规律办事；要像驾长那样组织群众脚踏实地拿出拉船过滩的精神，投入到千帆竞发、百舸争流的改革洪流中，开创社会主义一个又一个新局面。

[**点评**]

例文一和例文二的导语首先和听众打招呼，引起听众注意，增强吸引力；正文部分抓住要点，并没有深度挖掘，做到了不蔓不枝，便于听众理解。另外，结构简洁明了，语言通俗化、口语化。

三、板报稿的概念

板报稿是为黑板报、墙报、宣传栏等群众性宣传工具写的实用性文章。

板报的内容，既可以宣传党和国家的方针、政策，传达上级领导意图，沟通干群之间的思想感情，又可以报道各自单位的情况，表扬群众身边的先进人物，交流工作经验，传播科技知识，活跃文化生活。

板报稿的文体多样，既有消息报道、人物速写、思想评论、经验介绍、小品文，也有其他形式，如名言警句、对联、歇后语等。

四、板报稿的写作方法

板报稿一般由标题和正文两部分组成。

标题一般写在正文前面的中间。标题既要吸引读者，又要有导语的效果。好的标题言简意赅、醒目突出，可采用对比互衬、设置疑问和悬念等手法来达到效果。正文要另起一段。正文开始先写事情发生在什么时间、什么地点，接着写事情的经过，最后还要写这件事有什么意义，让读者知道写这篇报道的目的。

五、板报稿写作的注意事项

由于板报的版面有限，容量不大，所以撰写板报稿正文必须注意以下几点：

1. 通俗易懂

文字要通俗化、口语化，适合读者的文化水平，可采用散文、顺口溜、快板书等活泼健康、人民群众易于接受的形式。

2. 内容要真实

真实是板报稿的生命，它不允许有任何的虚假。板报稿的内容一定要真实可靠，事实是怎样就写成怎样，不能夸大事实，更不能胡编乱造。它与一般的记叙文不同，不宜用夸张、拟人等修饰手法。根据事实写稿，内容要具体，切合群众实际需要，使群众长知识、明事理、解疑难。

3. 篇幅要简短， 语言要简洁

篇幅要短，内容要精，抓住要害，突出重点，生动活泼。每篇报道稿的篇幅不能太长，说得清楚、明白就行。报道稿的语言要生动、简洁、准确，要适合在黑板报上刊登。

例文三

珍爱生命　关注健康

手足口病是由肠道病毒引起的婴幼儿常见传染病，目前还不属于法定报告传染病。该病隐性感染率高，显性病人症状一般轻微。该病主要通过人群间的密切接触传播，患者的粪便在数周内仍具传染性，患者咽喉分泌物及唾液中的病毒，可通过空气飞沫传播。预防手足口病，要注意卫生，大家一起唱预防儿歌吧！

你拍一，我拍一，勤洗澡来勤换衣；
你拍二，我拍二，开窗通风好习惯；
你拍三，我拍三，肥皂洗手把好关；
你拍四，我拍四，人多地方我不去；
你拍五，我拍五，晒晒毛巾和被褥；
你拍六，我拍六，盐水天天来漱口；
你拍七，我拍七，生冷食物不要吃；
你拍八，我拍八，手足口病赶跑它；
你拍九，我拍九，太阳下面扭一扭；
你拍十，我拍十，良好习惯要保持。

例文四

新年板报

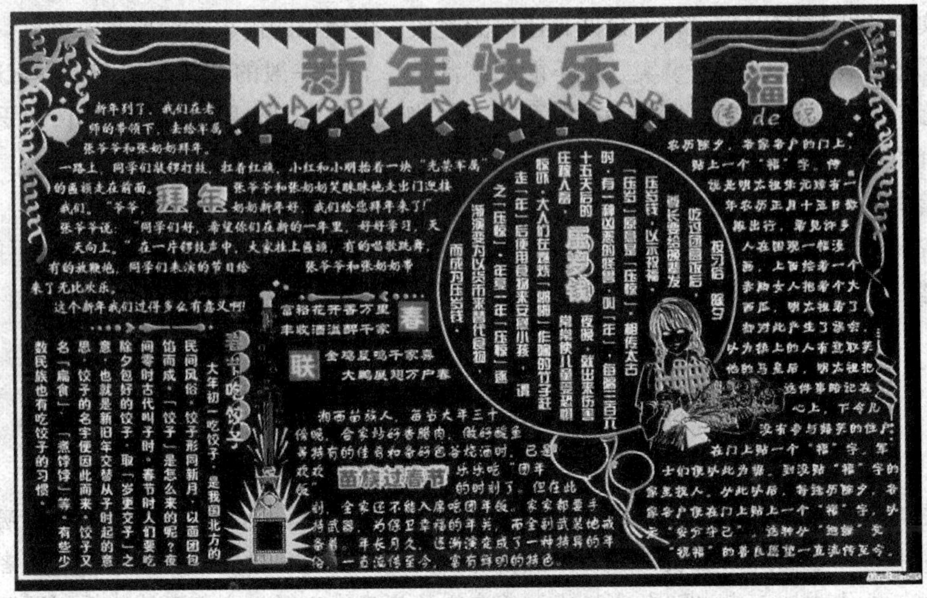

练　　习

一、简答题

1. 什么是广播稿？写广播稿要注意哪些事项？

2. 什么是板报稿？写板报稿要注意哪些事项？

二、写作题

1. 以创建“和谐农村”为主题，出一期黑板报或宣传专刊。

2. ××村村民赵××，在县第×届农村运动会上取得百米第一的好成绩，请你给村广播站写一份广播稿，全面反映赵××在此次运动会上的表现。题目自拟，不少于500字。

第二节　简　　报

一、简报的概念

简报，就是信息和情况的简要报道，也称“简讯”“情况交流”“情况反映”“内部参考”。它是单位内部为迅速反映日常工作和业务活动情况而编发的带有新闻性质的书面材料。编发简报不仅便于上级领导及时了解掌握下情，为领导机关制定方针政策提供可靠的依据，也便于下级单位正确领会上级的有关指示和工作意图，及时得到指导和帮助并参照落实，而且还便于平级单位之间沟通情况，交流经验，探讨问题并作为工作参考，取长补短，彼此协调，互相配合，加快工作步伐。另外，简报也可为报刊、杂志、电台、电视台的宣传提供线索和资料。

二、简报的种类

常见的简报有三种：一是会议简报，主要反映会议交流、进展情况；二是情况简报，反映人们关注的问题，供机关领导参考；三是工作简报，报告重大问题的处理情况以及工作动态、经验或问题等。

三、简报的特点

简报的特点主要是简要、真实、快捷、新颖。

1. 简要

简要，具体指以下两方面：一是简报的内容要扼要。一般要求字数在千字以内，最多两三千字，能在 10 分钟内读完。这就需要编写中注意提炼观点，避免罗列现象，写成“流水账”。一般简报要求一事一报，即一篇报道只写一件事。二是简报的语言表述要精练，表述直截了当，不做文学性描绘或理论性分析。

2. 真实

真实指简报反映的内容要客观真实，确有其事，包括报道的事实的细节也要准确无误。因为简报是用来沟通、交流、反映情况，是用以决策或解决问题的，如有内容虚假、夸大、含有水分等，也就失去其真实反映实情的作用。因此，简报必须以真实为原则，实事求是反映情况，不夸大、不缩小，所写事实、数据、引文、人物、地点等都要经过认真核实，确保准确无误。

3. 快捷

快捷指简报的编写及发放的速度一定要迅速及时。简报具有新闻消息的某些特点，非常讲求时效性。因为简报只有快速反映工作中的情况和问题，才能起到及时解决问题的作用。

4. 新颖

新颖指简报反映的内容或角度要新，及时反映新情况、新问题、新经验、新动向，提供新鲜信息，给人启示，以促进工作创新发展。

四、简报的写作方法

简报一般由报头、报体、报尾三部分组成。

1. 报头

报头在简报首页的上方，约占整页的1/3，用一条粗横线与报体部分隔开。报头包括以下内容：

简报名称：居于首页的正中，字号稍大，常用的是"工作简报""会议简报"。一般政府机关的简报名称需要用套红印刷。

期数：在简报名称下方用小号字注明"第×期"。如果是多期简报，应在"第×期"后再加上括号注明"总第×期"。

编发单位：在期数的左下角顶格写具体名称。

印发时间：在与编发单位平行的右侧注明×年×月×日。

编号、密级：有的简报在报头的右上侧注明编号，有的还在左上侧注明"内部刊物　注意保存"字样。如果需要注明秘密等级时则在左上侧注明。

2. 报体

报体分为标题和正文两部分。

（1）标题。简报的标题多用单行式，揭示文章的主旨和主要内容。双行式标题常见于会议简报，正标题揭示会议的主题，副标题补充说明会议的名称。

另外，内容重要的简报，在标题前常常有按语，即编者按，说明编发这份简报的原因或目的，以引起读者的重视。按语多数是根据单位领导同志意见撰写的，具有指导性，一般用于主管单位下发给所属基层单位的简报。

（2）正文。一般包括导语、主体和结尾三部分。导语部分要用极其简洁明确的几句话或一段话，概括总结全文的中心或主要内容，点出主题，一般要交代清楚什么人、在什么时候、做了什么事、结果怎样。主体部分是简报的主干，要用有说服力的典型材料，把开头导语的内容加以具体化。这部分的结构方式主要有：按照事情发生、发展的先后过程来写；按照事情的内在联系来写（如上级主管综合几个下属机关工作情况的简报或反映同一工作不同方面情况的简报）；按照提出问题、分析问题、解决问题的逻辑顺序来写。结尾部分，可以用几句话小结前面内容，概括、深化主题，以加深读者的印象，如指明事物的发展趋势、发出具体号召或提出今后的打算。

简报报体部分根据不同的情况可以选择不同的编辑形式，既可以由一篇报道组成，也可以由一组短讯组成。

3. 报尾

报尾一般用两条平行横线标明报尾部分，写明印发范围及份数。

例文

第八届村委会换届选举工作简报

第×期

××××××编　　　　××××年××月××日

村党支部书记换届选举工作已顺利结束

12月10日，我乡所辖12个行政村村党支部书记换届选举工作已全部完成。

为确保我乡各村党支部书记换届选举工作能顺利圆满的完成，我乡党委政府高度重视，认真总结之前6个行政村换届选举工作的经验，结合各村实际，制定了切实可行的选举工作方案。通过召开动员大会，加强对各包村包片干部的培训，让他们熟悉政策、吃透政策，下村之后要做好相关的宣传，务必确保选举的有效性和合法性。在经过确定候选人、公示、投票选举后，12月10日各村均顺利选举产生了支部书记。

12月16日我乡在中心校会议室召开了全乡第八届村委会换届选举工作动员培训会。全乡干部职工及村三职干部参加了会议，驻乡指导组县纪委副书记一行应邀出席会议，会议由乡党委书记主持。

会上，书记就选举工作做了重要讲话，其中的5点意见对指导我乡开展村委会换届选举工作起到了积极的作用。我乡主要领导分别传达了县委书记、县人民政府县长在全县村级换届选举工作会议上的讲话精神及县委组织部印发的关于严肃选举纪律的通知精神，并宣读了我乡关于开展第八届村委会换届选举工作的实施方案及领导小组。

最后，乡党委书记就学习做了具体要求，即各包片包村干部及各村党支部书记会后要加强学习换届选举工作相关法律法规，务必要把握政策、吃透政策，确保我乡第八届换届选举工作能顺利圆满地完成。

本次会议以会代训，为我乡顺利完成村委会换届选举工作奠定了扎实的基础。

报送：×××，×××，×××××

抄送：××××，××××，××××

（共印××份）

[**点评**]

此例文导语部分要用极其简洁明了的一句话概括总结出了全文的中心内容，点明主题。主体部分对开头导语的内容进一步具体化，把换届选举的过程按照事情发生、发展的过程来写。结尾部分用一句话小结前面的内容，概括、深化了主题。

练　习

一、简答题

1. 简述简报的特点。

2. 简报的报头部分主要包括哪些内容？

3. 请画出一份简报的范式图，写出各要素的准确位置。

二、写作题

根据村里实际开展的某项活动或会议，写一份格式准确、内容规范、符合要求的简报。

第三节　喜　报

一、喜报的概念

喜报是单位、集体或个人向上级机关、有关方面或家属报告喜讯的一种专用文书。

二、喜报的种类

从用法来看，喜报有以下三种：

一是单位或部门向上级机关或有关方面报喜的喜报，内容为成立了某种组织、完成了某一重大任务、取得了显著成绩、创造发明获得了成功等。

二是单位或部门向先进个人的家属或原单位报喜的喜报，内容为某人在生产、工作或战斗、学习中作出突出贡献，取得优异成绩，或获得某一荣誉称号等。例如“立功喜报”。

三是有关单位向家属报喜的喜报，内容为某人以实际行动响应党和国家某一项号召，被上级批准。例如“参军喜报”。

三、喜报的写作方法

喜报一般分为标题、称谓、正文、结语、落款五部分。

1. 标题

常见的写法是只标示文种名称，即在第一行居中用较大字体书写“喜报”“喜信”等字样。

2. 称谓

在标题之下另起一行顶格书写受信者的名称，称谓后加冒号。如果受信者不需要具体指出，则省略称谓。

3. 正文

另起一行，空两格写喜报内容，包括成就（成绩）的情况、主要内容及取得成绩或胜利完成任务的原因、以后的设想打算等。

4. 结语

在正文之下另起一行空两格书写“特此报喜”“特此报捷”等字样，后面不必加标点符号。

5. 落款

在结语的右下方署上发信者的名称。在署名的下方写上发送喜报的准确日期。

例文一

喜报

××乡政府：

我村于×月×日提前完成乡里下达的第二季度粮食生产任务，特向乡政府报喜！

我村今年一季度之所以如此快地完成生产任务，是乡政府正确领导，全村村民同心协力、苦干实干的结果。

现在，我们正精心安排，再接再厉，为争取提前完成第三季度粮食生产任务而奋斗！

特此报喜

××村全体村民

××××年××月××日

例文二

喜报

陈××同志：

由于你在第×届××市新农村文化艺术节上荣获书画比赛唯一的一个金奖，特授予你“新农村画家”荣誉称号。

特此报喜

××市艺术节组委会

××××年××月××日

例文三

喜报

我村村民齐××在第四届××县美丽乡村摄影比赛中，荣获一等奖，并被授予“××县摄影杰出贡献奖”荣誉称号。他的作品“我美丽的乡村”被推荐到市里参赛。

特此报喜

××村村委会

××××年××月××日

[点评]

例文一是全体村民向上级机关报喜的喜报，例文二是组委会向个人报喜的喜报，例文三是村委会向全村村民报喜的喜报，格式正确，内容简要、明确。

知识链接——捷报

捷报是下级向上级或个人向组织报告所取得的成绩、成就或战绩时使用的一种上行式特殊书信。“捷”包括胜利与快速两层意思。捷报，意为把胜利的消息尽快传播出去，因此又叫“快报”。

写作格式与“喜报”相同。

例文

捷报

县领导及全县群众：

我县参加第六届农民运动会代表队成员×人发扬顽强拼搏的精神，力争上游，勇创佳绩，在比赛第一天即取得了二金一银三铜的佳绩，振奋了全体队员的士气，也展示了我县的形象，特此向县领导并全县群众报捷。

我们一定再接再厉，在接下来的比赛中再创佳绩，为我县争取最大的荣誉。

××县第六届农民运动会代表队全体成员

××××年××月××日

练　　习

一、简答题

1. 什么是喜报？喜报有哪些种类？

2. 喜报的写作方法是什么？

二、写作题

今年，我村农民人均纯收入在去年 6 716 元的基础上提高到 8 007 元，增长 19.2%，增幅居全乡第一，顺利实现省定小康目标值。请你替村委会写一则喜报。

第四节　海　　报

一、海报的概念

海报是主办单位向公众报道举办文化、娱乐、体育等活动（如放电影、演出、球赛或报告会、展览会等）的一种事务文书。海报的“海”是大的意思，这是因为它通常写在大纸上张贴出来。海报既有广告作用，又有通知功能。

二、海报的特点

1. 广告宣传性

海报的目的是希望社会各界参与所报道的活动，是广告的一种。有的海报加以美术设计，以吸引更多的人加入活动。海报可以在媒体上刊登，但大部分张贴于人们易于见到的地方。广告色彩极其浓厚。

2. 商业性

海报是为某项活动作的前期广告和宣传，目的是让人们参与其中。演出类海报占海报中的大部分，而演出类广告又往往着眼于商业性目的。因此，海报具有一定商业性。

三、海报的写作方法

海报一般由标题、正文和结尾三部分组成。

1. 标题

有两种写法：一种是写“海报”或“好消息”等，另一种是不写“海报”字样，而是根据内容来写，如写成“影讯”“球讯”等。标题的位置可根据排版设计随意摆放。

2. 正文

一般包括三个方面：一是活动的目的和意义；二是活动的内容、时间、地点等；三是参加或参观办法以及其他应注意的事项，如是否凭票入场，票价及售票时间、地点等。内容简单的通常可以采用一段式，内容较多的可以分项排列成文。有的海报在正文首或正文末加上标语，起画龙点睛和渲染吸引的作用。

3. 结尾

一般写上主办单位和海报制作时间等。如果正文已把有关内容交代清楚，可以没有结尾。有的结尾还加上一些吸引人的口号，如“限量销售”“勿失良机”等。

四、制作海报的注意事项

1. 内容必须真实，可适当地用一些鼓动性的词语，但不可夸大失实。

2. 文字力求简洁明了，行文直截了当。

3. 可根据内容的需要，配以象征性的图案或图画，但必须与海报的内容相一致，色彩和构图要给人以美感。

例文一

海报

明星杂技团演出

精彩杂技　　　大型魔术

表演新颖 滑稽幽默 来去无踪 变幻莫测

演出时间：××月××日——××月××日，晚××时

演出地点：××县××俱乐部

票　　价：儿童票2元，成人票6元

联系电话：×××××××××××

例文二

海报

为了使全村村民在春耕前选好种子和化肥，提高产量，特邀请××县农技中心专家××来我村作“土壤肥料学”专题讲座。欢迎全村村民前往听讲。

时间：××月××日下午3点

地点：村部会议室

××村村委会

××××年××月××日

例文三

专题讲座

题目：果树的栽培技术

主讲：××县果树协会会长吕××

时间：××月××日下午2:30

地点：县政府礼堂

主办：县农业技术推广中心

欢迎广大村民踊跃参加

[**点评**]

例文一是一则演出海报，演出时间、演出地点、票价、联系方式等内容交代得很清楚，语言富有鼓动性。例文二和例文三虽然题目不同，但都是讲座海报，交代了讲座的内容、时间、地点，简洁明了。

练　习

一、简答题

1. 什么是海报？海报有哪些特点？

2. 海报的写作方法及注意事项是什么？

二、写作题

1. 村委会发出通知，××月××日晚8:00在村委会多功能会议室放映电影大笑江湖，请根据这则材料写一张海报。

2. ××村委会于×月×日上午9:00，特邀××农学院××教授在会议室免费主讲“科学养蚕法”，请你模拟例文三的形式写一则海报。

第四章　农村行政文书

学习目标：

◆了解通知、通告、通报、报告、请示的写法。

◆掌握各类农村行政文书的写作要求。

◆能按各类农村行政文书的基本格式写作。

行政文书通常称为公务文书，简称公文，是行政机关在行政管理过程中所形成的具有法定效力和规范体例格式的应用文书。它是传达、贯彻党和国家的方针、政策，发布行政法规和规章，施行行政措施，请示和答复问题，指导、布置和商洽工作，报告情况，交流经验的重要工具。公文出自法定的机关单位，具有处理公务的合法效用。本章结合农村实际，主要介绍介绍信、证明信、会议纪要、通知、通告、通报、报告、请示、函等几种常用公文。

第一节　介绍信和证明信

一、介绍信

1. 介绍信的概念

介绍信是机关团体、企事业单位派人到其他单位联系工作、了解情况、洽谈业务、参加各种社会活动时，由派出人员随身携带的一种专用书信。介绍信用于单位和单位之间，用于特定的正式场合，有证明人物身份的作用。持介绍信的人，可以凭着此信件同有关单位或个人联系事务。对方从介绍信中就可以知道来者是哪个单位的、担任什么职务、来办理什么事情等具体情况。

2. 介绍信的种类

介绍信通常可以分为手写式介绍信和印刷式介绍信两种。手写式介绍信是一种便携的信件，一般书写在机关、团体、单位自制的信笺上，最后加盖公章。印刷式介绍信是一种正式的介绍信，其内容、格式等已事先印刷出来，使用者只需填写姓名、单位、事宜，再加盖公章。印刷式介绍信又可分为带存根的介绍信和不带存根的介绍信两种。带存根的介绍信通常一式两联，存根联由开介绍信一方留档备查，正式联由被介绍人随身携带；不带存根的介绍信的内容、格式同带存根的介绍信在正文上没有大的差别，只是未留存根。

3. 介绍信的写作方法

（1）手写式介绍信。手写式介绍信一般包括标题、称谓、正文、结语、署名和日期六部分。

1）标题。在第一行正中写“介绍信”三个字，有时也可省略。

2）称谓。标题下空一行顶格写明收信的单位名称或对方负责同志的称呼，然后加上冒号。

3）正文。在称呼下另起一行空两格，写明被介绍人姓名、身份证号、性别、年龄、随同人数等，接洽或联系的事项，以及向接洽单位或个人提出的希望和要求等。

4）结语。要写上“此致”“敬礼”等表示敬意的话。

5）署名。在正文的右下方书写出具介绍信的单位名称，并加盖公章。

6）日期。在署名下方写上成文日期。

例文一

介绍信

宏光农场：

今介绍我村草莓种植专业户×××（身份证号××××××××××××××××××）等两位同志前往你处学习草莓栽培技术。请予接洽并协助。

此致

敬礼

柳河村委会（盖章）

××××年××月××日

［**点评**］

例文一是一篇较为规范的介绍信。格式正确，表述言简意赅，将被介绍人的身份、事项及对对方的希望与要求交代得非常清楚。

（2）不带存根的印刷式介绍信。不带存根的印刷式介绍信的内容、格式同手写式介绍信大体相同。一般要在正文后面注明使用期限（数字要大写）。

例文二

介绍信

××介字第×号

______________：

兹介绍＿＿＿＿＿＿同志等＿＿＿＿人（数字大写）前往你处联系工作，请接洽。

此致

敬礼

（有效期＿＿＿天）

＿＿＿＿＿村委会（盖章）

＿＿＿＿年＿＿月＿＿日

［**点评**］

例文二将介绍信有效期限、介绍几名同志等情况写得清楚明确，让对方容易接洽。

（3）带存根的印刷式介绍信。这种介绍信有固定的格式，一般由存根联、间缝、正式联三部分组成。

1）存根联。存根部分由标题（介绍信）、介绍信编号、正文、开出时间等组成，不需结语，不必署名。存根由出具单位留存备查。

2）间缝。存根联与正式联之间有一条虚线，虚线上印有“××字第××号”字样。填写时数字要大写，如“贰拾柒号”，字体要大些，便于从虚线处截开后，字迹在存根联和正式联各有一半。同时，应在虚线正中加盖公章。

3）正式联。与不带存根的介绍信大体相同。有的要在标题下再注明介绍信编号。

例文三

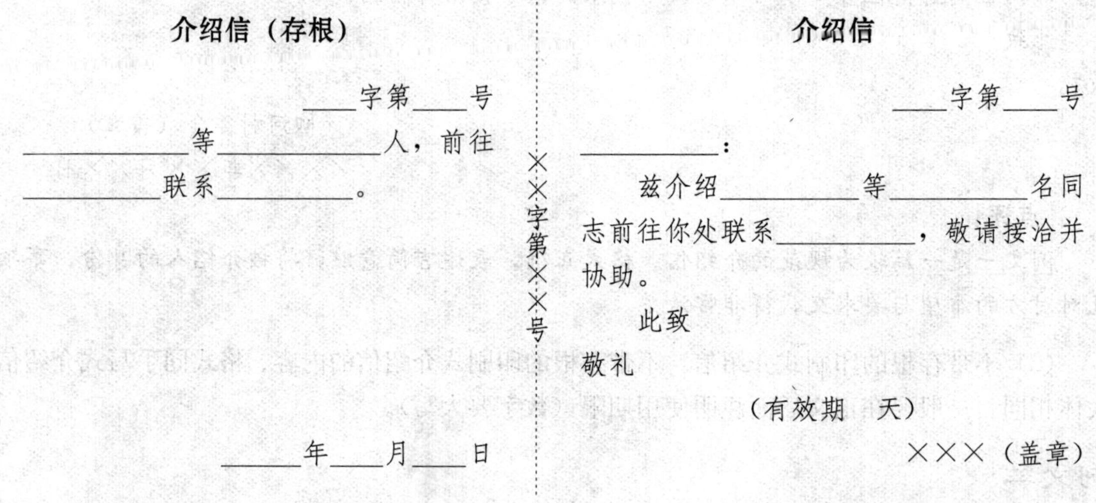

介绍信（存根）

＿＿字第＿＿号

＿＿＿＿＿＿等＿＿＿＿＿＿人，前往＿＿＿＿＿联系＿＿＿＿＿。

＿＿＿年＿＿月＿＿日

××字第××号

介绍信

＿＿字第＿＿号

＿＿＿＿＿：

兹介绍＿＿＿＿＿等＿＿＿＿＿名同志前往你处联系＿＿＿＿＿，敬请接洽并协助。

此致

敬礼

（有效期　天）

×××（盖章）

［**点评**］

例文三格式正确、内容明确。

4. 介绍信写作的注意事项

（1）严肃认真，真实无伪。介绍信具有介绍、证明的作用，因此，要以严肃认真的态度来开具。事前，一般应征得领导的同意；被介绍人的姓名、身份要真实，不得虚假编造，冒名顶替；写完后务必加盖公章，以示郑重；有存根的介绍信，存根联和正式联的内容要完全一致。

(2) 表意简明，措辞有礼。介绍信篇幅短小，应简明扼要地写清所要接洽的事项，一般不要描写或渲染。使用介绍信是为了建立一种良好的协作关系，措辞要有礼节，不能使用命令式口吻。

(3) 书写工整，不得涂改。如有涂改的地方，要加盖公章，否则将被视为无效。

知识链接——中国共产党党员组织关系介绍信

党员组织关系介绍信是党员转移组织关系和组织接收党员的正式凭证。根据中央组织部《关于进一步加强党员组织关系管理的意见》(中组发〔2004〕10号)规定，党员组织关系的凭证有三种，即中国共产党党员组织关系介绍信、中国共产党党员证明信和中国共产党流动党员活动证。转移和接收正式组织关系，应当凭据中国共产党组织关系介绍信。没有组织关系介绍信，党组织不能根据入党材料或别的证明接收党员正式组织关系。根据规定，党员外出地点或工作单位相对固定，外出时间6个月以上的，一般应当开具中国共产党党员组织关系介绍信将关系转出。

中国共产党党员组织关系介绍信（样表）

党员介绍信存根	第　　号 …………同志系中共（预备/正式）党员， 组织关系由…………转到…………。 年　月　日	第一联

（贴回执联处）

（加盖骑缝章）

中国共产党党员组织关系介绍信

第　　号 …………： …………同志（男/女），……岁，……族，系中共（正式/预备）党员，身份证号码…………，由…………去…………，请接转组织关系。该同志党费已交到……年（要大写）……月（要大写）。 （有效期……天）（要大写） （盖章） 年　月　日 党员联系电话或其他联系方式： 党员原所在基层党委通信地址： 联系电话：　　传真：　　邮编：	第二联

中国共产党党员组织关系介绍信回执联

第　　号

……………………：

……………………同志的党员组织关系已转达我处，特此回复。

（盖章）

年　月　日

经办人：　　　　联系电话：

第三联

注：回执联由接收党员组织关系的基层党委在接收党员后一个月内邮寄或传真至党员原所在基层党委。

二、证明信

1. 证明信的概念

证明信是以社会团体、企事业单位或个人的名义凭借确凿的证据证明某人身份、经历或某件事情的真实情况时所使用的一种专用书信，也称为证明或证明书。它强调的是证据确凿、言必有据。

2. 证明信的种类

（1）由组织出具给个人外出携带的证明。这种证明具有证件的作用，主要证明到外地出差或办事人员的身份和外出目的。

（2）以组织名义写给外单位的证明。这种证明多数是证明曾在或正在本单位工作的职工的身份、经历或者与本单位有关的事项。

（3）个人证明某人、某事真实情况的证明。这种证明由个人书写，证明的内容完全由个人负责。写这类证明时应严肃认真、实事求是。

3. 证明信的写作方法

证明信的写作方法和介绍信的基本相同，由以下几个部分构成：

（1）标题。通常以文种名“证明信”或“证明”作为标题；或者由事由加文种名构成，如“关于××同志××情况（或问题）的证明”等。

（2）称谓。换行顶格写上受文单位名称或受文个人的姓名、称呼（后面加冒号）。有些证明信是供有关人员外出活动时用以证明身份的，没有固定的受文者，可以不写称呼，而用公文引导词“兹”领起正文。

（3）正文。正文要在称谓写完后另起一行，空两格书写。要针对对方所要求的要点写，要己方证明什么问题就写什么，其他无关的不写。如证明的是某人的历史问题，则应写清人名、何时、何地及所经历的事情；若要证明某一事件，则要写清参与者的姓名、身份，及其在此事件中的地位、作用和事件本身的前因后果。也就是要写清人物、事件的本来面目。正文写完后，要另起一行，顶格写上“特此证明”4个字。也可直接写在正文结尾处。

（4）落款。落款即署名和写明成文日期。要在正文的右下方写上证明单位或个人的姓名称呼，成文日期另起一行写在署名下，然后由证明单位或证明人加盖公章或签名、盖私章，否则证明信无效。

4. 证明信写作的注意事项

（1）证明信是一种证据，有着长期的证明作用。所以，写作时要认真负责，实事求是，字必有据。如果本人不太熟悉证明的内容，必须写“仅供参考”等提示性语言，或者拒绝证明。

（2）证明信的行文要简洁，用语须准确，不得夸饰，避免含糊其辞，产生歧义。

（3）证明信不能用铅笔或红色笔书写。若有涂改，须在涂改处加盖印章。

例文四

证明信

×××党支部：

××××年××月××日来信收到。根据信中要求，现将你单位××同志的爱人苏××同志的情况介绍如下：

苏××同志，现年××岁，中共党员，是我村村民，本人和家庭历史以及社会关系均清楚。该同志带领本村农民发家致富，近年来多次被评为致富能手。

××村党支部（公章）
××××年××月××日

例文五

证明信

××市公安分局××交警大队：

我是“4·13”交通事故目击者，现将我当时目击的情况证明如下：

××××年4月13日晚，我上完晚自习骑车回家。约9：30，行至胜利街十字路口，向北拐弯。仅仅几秒钟之后，我突然听到身后传来一阵很响的刹车声。我回过身，看到一辆向东北行驶的带拖车的大卡车急刹车后停在马路中央。当时，附近路面上只有这一辆车。我有些不祥的预感，掉头骑向卡车的位置。还没等我赶到，那辆大卡车突然发动，继续飞快地向东北开去。由于很匆忙，我只看到车牌号码后3位数字是“420”，车的颜色好像是黑色。我看到在那辆车刚停过的地方横躺着一个人，自行车摔在一边。走近一看，是一位血肉模糊的青年男子，那辆自行车也被轧得变了形。于是，我便急忙拨打了110和120。

特此证明。

赵××（盖私章或按手印）
××××年××月××日

[**点评**]

例文四是对个人自然信息情况的证明，主要从大的方面介绍。例文五是对事件的证明，应本着实事求是的原则，这里，证明人是该事件的目击者，对事情的过程很清楚，所以详写；对当事人知之甚少，所以略写。

三、介绍信和证明信的区别

介绍信是单位对所属工作人员去外单位办事时的身份介绍之用，同时会写明持信人此行要办理的具体事项，请求对方配合，单位对其办事的过程及结果负责。而证明身份的证明信则只是证明持信人的身份，不对其拟办事项证明，也不承担其他的法律责任。

知识链接——我国古代的介绍信与证明信

我国古代的“介绍信”是用实物作为凭证的。据《周礼》记载，当时“凡通达天下者，必有节”。“节”又称“符节”，中国古代派遣使者或调兵时用做凭证。虎符可以说是最古老的介绍信了。它是用于征调军队时的一种信物，上面刻有虎形和文字，刻成两片，国君与主将各执一片。国王要征调某位主将手下的部队，就派人将自己保存的一半虎符带去找这个主将。合符后，这个主将就得服从征调；如果不合符，这个主将有权拒绝出征。《信陵君窃符救赵》讲述的就是和此有关的故事。

古代有急事传信，使者手里都拿着一种证信之物叫棨，凭此物可以通过关卡，棨即传信的符证，用木制，牌上写着到达每个驿站的时间，以便驿站官员稽核、督促，使信件及时传递。到了宋代叫驿卷。宋仁宗康定元年，又制作了朱漆木牌。这种木牌虽不易磨损，但记载有限，所以后来使用纸印刷叫排单。它不仅可以作为递信凭证，而且还可在排单上按程登注时刻，因而就起到了传递、登记、介绍、证明持信者身份等作用。

练　　习

一、简答题

1. 什么是介绍信？介绍信可以分为哪几种？

2. 什么是证明信？证明信的写作需要注意些什么？

二、写作题

1. ××大学毕业生到××村实习，请你代村长为他写一封在××村实习情况的证明信。

2. 由于工作调动，××村的会计要到××镇联系为村里开垦试验田聘请技术指导人员一事，请你代村长为他写一封介绍信。

三、修改题

指出下面这封介绍信在内容和格式等方面有哪些问题，并加以改正。

介绍信

××村村长同志：

你好！炎炎夏季，我们派吴××同志前去交流，请予接洽为盼！这位同志是我村养殖大户。

此致

敬礼

××××年××月××日

第二节 会议纪要

一、会议纪要的概念

会议纪要是由会议组织者指定专人，如实、准确地记录会议的组织情况和会议内容的一种机关应用性文书。

会议纪要一般用于比较重要的会议或正式的会议，要求真实、全面地反映会议的本来面貌。

会议纪要可以作为会后传达会议精神、执行会议决议、撰写会议报告以及上报会议情况的重要依据。同时，它也是回顾、检查、总结工作或分析、研究、部署下一步工作的依据资料。重要的会议纪要还应加以整理，存档备查，这种会议的原始记录成为弥足珍贵的历史资料。

二、会议纪要的特点

1. 真实性

会议纪要的执笔者与其他文章的写作者有一个重要的区别，那就是他只有记录权没有创造权。会议是什么样就记成什么样，与会者发言时说了些什么就记下什么，记录者不能进行加工、提炼，不能增添、删减，不能移花接木，不能张冠李戴。

2. 原始形态性

会议纪要是会议情况和内容的原始化的记录。所谓原始，就是未经整理和综合。在这一点上，它跟会议简报有着很大不同。会议简报也是真实的，但不是原始的。虽然在内容上可能没有太大差别，但在存在形态上，会议纪要与会议简报的差异甚大。

3. 完整性

会议纪要对会议的时间、地点、出席人员、主持人、议程等基本情况，对领导讲话、与会者的发言、讨论和争议、形成的决议和决定等内容，都要记录下来。

三、会议纪要的写作方法

会议纪要由标题、会议组织情况、会议内容和结尾四部分构成。

1. 标题

标题一般由单位名称、会议名称和文种名组成，有的可以省略单位名称。

2. 会议组织情况

一般包括会议时间、会议地点、主持人、出席人、列席人、缺席人、记录人等。

会议时间，要写清楚年、月、日，上午、下午或晚上，×时×分。

主持人，一般包括职务和姓名。

根据会议的性质、规模和重要程度的不同，出席人这一项的详略也有所不同，有时可以只显示身份和人数，如“各部门经理9人”等；如果出席人身份比较复杂，如既有上级领导，又有本单位各部门的主要领导，还有各有关人员，则可以将主要人员的职务和姓名一一列出，其他有关人员则分类列出。

列席人是指不属于本次会议的正式成员，但却与会议有关的人员，其写法与出席人的写法一样。

缺席人，写清缺席人的姓名及缺席原因；人多的会议只记录缺席人数。这些内容在会议开始之前就要写好。

3. 会议内容

这是会议纪要的主体部分，包括主持人发言、会议报告或传达的有关事项、与会者讨论发言的情况、会议决议、会议涉及的其他主要内容等。

根据会议的重要程度及领导要求的不同，这一部分有详细记录和简要记录两种方法。详细记录法，主要用于记录重要的会议。它要求将会上每一个人的发言原话都要尽可能地记录下来，特别是对重要的发言、讨论中的不同意见和争论，不仅要记下原话，甚至还要尽可能地记下发言人的表情、手势、姿态。对会议决议、表决、弃权等情况也要如实记载。对决议，记录人要念给与会者听，向与会者征求意见，进行核实，力求准确完整。简要记录法，主要用于记录一般的会议。往往简明扼要地记录会议的重要内容，对每个人的发言，根据要求不记或只做简要记录。但对会议的决议要详细记载，不得有遗漏。

4. 结尾

会议结束，记录即将完毕时，一般另起一行空两格写上“散会”二字，也可以省略不记。最后，由主持人和记录人在会议纪要右下方签上姓名，以示负责。

四、会议纪要的写作技巧

一般说来，有四条：一快、二要、三省、四代。

一快，即记得快。字要写得小一些、轻一点，多写连笔字。要顺着肘、手的自然去势，斜一点写。

二要，即择要而记。就记录一次会议来说，要围绕会议议题、会议主持人和主要领导同志发言的中心思想，与会者的不同意见或有争议的问题、结论性意见、决定或决议等做记录。就记录一个人的发言来说，要记其发言要点、主要论据和结论，论证过程可以不记。就记一句话来说，要记这句话的中心词，修饰语一般可以不记。要注意上下句子的连贯性、可读性，一篇好的记录应当独立成篇。

三省，即在记录中正确使用省略法。如使用简称、简化词语和统称。省略词语和句子中的附加成分，比如“但是”只记“但”，省略较长的成语、俗语、熟悉的词组，句子的后半部分，画一曲线代替，省略引文，记下起止句或起止词即可，会后查补。

四代，即用较为简便的写法代替复杂的写法。一可用姓代替全名，二可用笔画少易写的同音字代替笔画多难写的字，三可用一些数字和国际上通用的符号代替文字，四可用汉语拼音代替生词难字，五可用外语符号代替某些词汇等等。但在整理和印发会议纪要时，均应按规范要求书写。

例文一

××村村委会扩大会议纪要

一、会议组织情况

时间：××××年××月××日　　地点：村委会会议室

出席：村委会全体成员　　列席：乡农技站技术员王×

参加：各社主任　　主持人：赵××

记录人：张××

二、会议内容

第一项：汇报、总结近期工作：秋收、灭茬、植树等情况。

第二项：村委会主任刘×做《关于将××河沿岸50公顷旱田改为水田的意见与措施》的报告。主要内容：

1. 原因

(1) 地势低洼，春播不及时，夏季受淹。连年收成不好。

(2) 经有关单位测土化验，土质适宜水稻生长。

(3) ××河整堤工程之后，我村可引水灌溉530公顷。

(4) 全县将在××河沿岸改水田300公顷，有大气候配合。

2. 措施

(1) 村里从公积金中拨款购买一只抽水漂浮船。

(2) 承包户自己筹款打一部分小机井，以解决河水灌溉不到地块的水源问题。

(3) 利用农闲时间举办水稻技术培训班，解决技术问题。

(4) 在今冬明春的农田基本建设中解决两条主灌渠。

第三项：农技站王技术员做有关测土化验情况的说明。(内容略)

第四项：讨论（内容略）

第五项：与会成员一致同意《关于将××河沿岸50公顷旱田改为水田的意见与措施》。并决定将以上情况形成书面报告，请示上级审批。

主持人：×××（签名）

记录人：×××（签名）

例文二

××市城南开发区管委会办公会议纪要

时间：××××年4月8日上午

地点：管委会会议室

主持人：李××（管委会主任）

出席者：杨××（管委会副主任）、周××（管委会副主任管城建）、李××（市建委副主任）、肖××（市工商局副局长）、陈××（市建委城建科科长）及建委、工商局有关科室宣传人员，街道居委会负责人。

列席者：管委会全体干部

记录：邹××（管委会办公室秘书）

讨论议题：

1. 如何整顿城市市场秩序。

2. 如何制止违章建筑、维护市容市貌。

杨主任报告城市现状：我区过去在开发区党委领导下，各职能单位同心协力、齐抓共管，在创建文明卫生城市方面取得了一定成绩，城市市场秩序也有一定进步，市容街道改变也较可观。可近几个月来，市场秩序倒退了，街道上小商贩逐渐多起来，水果摊、菜担、小百货满街乱摆……一些建筑施工单位沿街违章搭棚，乱堆放材料，搬运泥土撒落大街……这些情况严重地破坏了市容市貌，使大街变得又乱又脏；社会各界反响很强烈。因此今天请大家来研究：如何整顿市场秩序？如何治理违章建筑、违章作业、维护市容……

讨论发言（按发言顺序记录）

肖××（市工商局副局长）：个体商贩不按规定到指定市场经营，管理不得力、处理不坚决，我们有责任。这件事我们要坚决抓落实：重新宣传市场有关规定，坐商归店、小贩归市、农民卖蔬菜副食到专门的农贸市场……工商局全面出动抓，也希望街道居委会配合。具体行动方案我们再考虑。

罗××（市工商局市管科科长）：市场是到了非整不可的地步了。我们的方针、办法都有了，过去实行过，都是行之有效的，现在的问题是要有人抓、敢于抓、落到实处……只要大家齐心协力，问题是能够解决的。

秦××（居委会主任）：整顿市场纪律我们居委会也有责任。我们一定发动群众配合好，制止乱摆摊、乱叫卖现象。

李××（市建委副主任）：去年上半年创建文明卫生城市时，市里出了个 7 号文件，其中规定施工单位不能乱摆乱搭，工棚、工场不得临街设置，更不准侵占人行道。沿街面施工要有安全防护措施……今年有的施工单位不顾市里文件，在人行道上搭工棚、堆器材。这些违章作业严重地影响了街道整齐、美观，也影响了行人安全。基建取出的泥土，拖斗车装得过多，外运时沿街散落，到处有泥沙，破坏了街道整洁。希望管委会召集施工单位开一次会，重申市府 7 号文件，要求他们限期改正。否则按文件规定惩处。态度要明确、坚决。

陈××（市建委城建科科长）：对犯规者一是教育，二是处理。“不教而杀谓之虐”。我们先宣传教育，如果施工单位仍我行我素不执行，那时按文件规定处理，他们也就无话可说。

周××（管委会副主任管城建）：城市管理我们都有文件、有办法，现在是贵在执行，职能部门是主力军、着重抓，其他部门配合抓。居委会把居民特别是执勤老人（退休人员）都发动起来，按 7 号文件办事，我们市区就会文明、清洁，面貌改观……

与会人员经过充分讨论、协商，一致决定：

1. 由工商局牵头，居委会和其他部门配合，第一周宣传，第二周行动，监督实施，做到坐商归店、摊贩归点、农贸归市，彻底改变市场紊乱状况。

2. 由管委会牵头，城建委等单位配合对全区建筑工地进行一次检查。然后召开一次施工单位会议，要求违章建筑、违章工地限期改正。一个月内改变面貌。过时不改者，坚决照章处理。

散会。

主持人：×××（签名）

记录人：×××（签名）

［点评］

例文一是摘要式会议纪要，全文格式规范，表达明确。会议的内容分为 5 项，层次清晰。全文对会议讨论的问题进行了简明扼要的摘要式记录。另外，由于篇幅有限，没有列出讨论部分发言人的谈话要点。例文二的会议内容分讨论议题、讨论发言和决议三个部分，并对每个人的发言进行了简要记录。

练　习

一、简答题

1. 什么是会议纪要？

2. 会议纪要都包括哪几个部分?

二、写作题

假设你参加了一次村委会会议，请你撰写一份会议纪要。

第三节 通 知

一、通知的概念

通知是发布规章制度和行政措施，转发上级机关、同级机关和不相隶属机关的公文，批转下级机关、要求下级机关办理和需要周知或执行的事项时所使用的公文。通知的使用范围广，使用频率高。

二、通知的写作方法

通知一般由标题、主送单位、正文和落款四部分组成。

1. 标题

标题通常有三种形式。

(1) 完整标题，即由发文单位、事由和文种名构成。

(2) 省略发文单位的标题。这里有几种情况:

1) 特制的公文专用纸的稿头上已印有发文单位，如“国务院文件”“××市人力资源和社会保障局文件”等。标题中一般省略发文单位。

2) 单位内部印发的文件，在落款处已注明发文单位的，标题中可以省略发文单位。

3) 以个人名义代表单位的行文或仅以个人名义的行文，有些可以省略发文单位，只需在落款处注明职衔或职务之后签名即可。

(3) 只写“通知”作为标题。这种形式适用于小范围内发布的、内容简单的通知。但作为正式编写文号的通知，其标题不可只用“通知”二字。有的通知还可以根据情况写明“重要通知”“紧急通知”“联合通知”等。

2. 主送单位

主送单位即受文对象，可以是一个，也可以是几个，还可以是所有下属单位。一般在标题下一行顶格写，后面加冒号。如果主送单位有一个或两三个，可将几个单位的名称全部写上。如果主送单位很多，属于普发性的文件，可以采用概括的写法，如:“各市、地人民政府，省直各厅、局”；有些普发性的会议通知可以不写受文对象；如果受文对象已在正文中出现了，也不必重复写。

3. 正文

正文包括通知的缘由、具体事项和要求三部分。不同种类的通知，正文的写法有所不同。下面分别说明：

（1）会议通知的正文要全面具体。一般包括召开会议的机关、会议名称、会议起止时间及地点、会议内容和任务、参加会议的人员范围和人数、入场凭证、报到时间及地点、与会人员须携带的文件材料及其他要求事项等内容。

会议通知要适当地提前发文，以便出席人员做好准备。如果事情重大、时间紧迫，可发“紧急通知”并在封套上注明，以引起受文单位注意。

（2）发布性通知的正文一般很简短。开头交代发布的意义和目的，主体说明通知事项，结尾提出执行要求。正文结束，隔一行空两格注明“附件”二字，后面加冒号，写上所发布文件的标题或名称；如果件数较多，应标上序号。所发布的文件附在通知之后。

（3）指示性通知的正文包括两部分。开头部分写明通知的缘由，可以写当前存在的问题、发本通知的意义，也可以写发本通知的依据和任务。然后用“特作如下通知”或“特通知如下”转入通知事项部分。通知事项主要是部署工作任务，阐述工作意见、措施、办法以及需要注意的问题，一般采用分段式或分条式，条理清楚，要求明确，以便下级贯彻执行。结尾一般用“以上通知，望认真执行”“特此通知，请认真贯彻执行”“本通知自发布之日起执行”等惯用语作结。

（4）事务性通知所涉及的事项比较具体，正文主要交代要办什么事、什么时间完成、有什么要求等，有的告知受文单位一些事项，以便工作联系。

4. 落款

在正文的右下方署上发文单位和发文时间。发文单位要写全称或规范性简称。若联合行文，主办单位排列在前。

三、通知的写作要求

1. 通知的标题要简练、准确、明了，使人一看就知道是什么事情或要求做什么事情。

2. 通知具有较强的执行性，因此，通知事项要重点突出，措施要具体明确，有针对性、操作性、可行性。

3. 语言要简明扼要，条理清晰，通俗易懂，切忌模棱两可，含糊其辞。

例文一

××市人民政府
关于全市出租小型营运客车养路费征收标准的通知

各区人民政府、各直属机构：

根据《××市公路养路费征收办法》的有关规定，确定全市出租小型营运客车养路费征收标准为：出租小型营运客车（10人座以下，不含10人座）每月每辆240元。

各级交通征稽机构要严格按照规定的项目、范围、标准征收养路费，并按有关规定到市财政、物价部门办理非税收人征收委托证和收费许可证变更手续。

各级交通征稽机构征收的养路费及客建基金、货建基金，按车辆每次缴费1元以下款额四舍五入。

本通知自下发之日起执行。

××市人民政府
××××年××月××日

例文二

××街道办事处
关于印发《科室工作人员岗位职责》的通知

各科室：

为加强机关工作人员的管理，提高工作效率，完善机关工作人员考核制度，我街道办事处制定了《科室工作人员岗位职责》，现印发给你们，请遵照执行。

××街道办事处
××××年××月××日

附件：《科室工作人员岗位职责》

例文三

通知

全体村民：

9月3日（星期二）下午3：30，在村委会会议室举行村民大会，讨论果树承包问题，请全体村民准时参加。

××村民委员会（公章）
××××年××月××日

例文四

通知

××村各用户：

因梅雨季节即将来临，我所将组织人员检修××村的部分电路。你村因检修线路而停电的时间为：

××××年××月××日×时×分至××××年××月××日×时××分。

由此给村民带来的不便，希望大家理解、支持并给予配合。

特此通知。

××镇电管所（公章）

××××年××月××日

[**点评**]

例文一是指示性通知，标题中事由明确具体。正文首先表明行文的依据，再说明具体事项、执行要求和意见，最后用“本通知自下发之日起执行”作结。条理清楚，要求明确，便于执行。例文二是发布性通知，先交代印发目的，再说明具体事项，结尾提出执行要求。简明扼要，一目了然。例文三是会议通知，交代了会议时间、会议地点、会议内容，格式规范。例文四是事务性通知，交代了停电的原因、时间，事项具体，简要明了。

知识链接——指示

指示是领导机关对下级机关布置工作，阐明工作活动要点及要求、步骤和方法时所使用的一种具有指导原则的公文。指示通常由首部、正文和结尾三部分组成。

1. 首部

包括标题、成文时间、发文字号和主送机关。

(1) 标题，由发文机关、事由和文种构成

(2) 成文时间，用括号在标题正下方注明年、月、日。

(3) 发文字号，由机关代字、年份、序号组成，位置在标题之下居中处。

(4) 主送机关，即受文单位，格式与一般公文相同，顶格书写，后面用冒号；也可以用“抄送”形式写于公文最后一项的下方。

2. 正文

由开头、主体两部分组成。开头部分是指示的开端，主要交代发出指示的原因、目的、依据、意义。主体部分是指示的具体内容，包括工作任务、指导原则、具体步骤、措施方法等内容。

3. 结尾

结尾部分要以简洁的文字向受文者重申工作的重要性，提出希望和要求。

例文

国务院关于今年下半年各级政府不再出台新的调价措施的指示

(20××年×月×日)

国发明电［20××］15号

各省、自治区、直辖市人民政府，国务院各部委、各直属机构：

今年，党中央、国务院关于建立社会主义市场经济体制的几项重大改革顺利出台，各项宏观调控措施已见成效，社会总量平衡状况逐步改善。但是，当前经济生活中的突出矛盾是市场物价上涨幅度过高，上半年全国零售价格总水平上涨了19.8%，居民消费价格总水平上涨了22.1%，通货膨胀形势仍然十分严峻。为了保证我国各项改革措施的顺利实施和不断完善，为经济发展和社会稳定创造一个良好的宏观环境，国务院要求各地、各部门坚持贯彻执行中共中央、国务院有关文件的精神，提高认识，上下一心，同通货膨胀作斗争，把过高的物价涨幅降下来。为此，国务院做出如下指示：

一、增加有效供给，增强平抑物价的手段。各级人民政府一定要认真抓好农业生产，抓好“菜篮子”工程，做好各类商品，特别是人民生活必需品的收购、调运、储备、供应工作，要按照国务院批准下达的计划，并根据市场行情，适时补充库存，增加储备。

二、下半年国务院不再出台新的调价项目，上半年已经出台的，要严格控制其连锁反应。各级人民政府都要从大局出发，下半年一律不再出台新的地方性调价项目，对受此影响确有困难的行业，由地方财政适当给予补贴，以保持市场物价的基本稳定。

三、各地不得再以各种地方建设基金的形式，在电力、铁路等行业搞价外加价，凡未经国务院批准自行加收的各种建设基金要立即停止执行。

四、各地区、各部门要下大力量整顿价格秩序，加强价格监督检查工作。对借改革之机搭车涨价、越权涨价、利用价格进行欺诈、牟取暴利等行为要严肃查处，对各种不合理的收费要坚决取缔。

五、各地要按照国务院的规定，切实加强对居民基本生活必需品和服务价格的监审，继续推行明码标价制度，以稳定市场、稳定物价、稳定人心。

六、要继续实行各级政府的物价总水平控制目标责任制，把控制商品零售价格指数和居民消费价格指数作为考核各级政府政绩的主要指标，每月向社会发布。当前，各级政府要继续贯彻执行中央的各项宏观调控措施，把稳定市场物价作为首要任务来抓，力争今年物价上涨幅度不超过去年实际水平，为20××年和今后的改革与发展创造一个较好的环境。

练　　习

一、简答题

1. 通知的概念及适用范围是什么？

2. 通知的格式及写作方法是什么？

二、写作题

根据下面的材料，写一份通知。

1. 印制机关：××县政府办公室，制发时间：××××年××月××日。

2. 事项：县长办公会议决定，要求县干部群众战胜阴雨，抓好春播。

3. 具体要求：在立夏之前基本播完；工交财贸部门要保证农具、肥料、种子、贷款的供应；施底肥每亩地下碳铵不少于35千克、磷肥不少于25千克；要整好地，开好内渠；各级领导要亲自抓；要充分发挥承包责任制的优越性。

4. 发文要求：要急速下达乡（镇）政府和委、办、局（科）；各乡镇贯彻执行情况于×月×日前电话报告县政府办公室。

三、修改题

修改下面的通知。

××县迅速开展打击违法添加非食用物质和滥用食品添加剂专项整治行动的通知

×县发（2009）×号

各乡镇人民政府、各有关部门：

近年来，滥用食品添加剂的现象遍及大江南北，成为人民健康，尤其是少年儿童健康的隐患。为认真贯彻落实全国、全区打击违法添加非食用物质和滥用食品添加剂专项整治工作电视电话会议精神，我县政府出台打击违法添加非食用物质和滥用食品添加剂专项整治行动，切实保护人民群众身体健康，促进全县食品和食品添加剂行业健康发展。各乡镇人民政府、各有关部门一定要以高度的责任感，加强专项整治工作的组织领导，落实专项整治工作方案总体要求并及时上报相关情况。

第四节　通　　告

一、通告的概念

通告的发布者通常是国家机关中的业务（职能）部门，也可以是基层单位、群众团体。

通告适用于公布社会各有关方面应当遵守或者周知的事项。它的使用者可以是各级各类机关，内容又往往涉及社会的方方面面，因此，无论使用主体还是内容都具有相当的广泛性。

二、通告的特征

1. 用于宣布一般性事项。
2. 通告只在国内一定范围内公布，不向国外公布。
3. 通告可以由各级机关、人民团体、企业或事业单位发布。
4. 通告不写抬头，无主送单位。

三、通告的写作方法

通告格式由标题、正文、发文机关和日期四部分构成。

1. 标题

（1）由“发文机关＋事由＋文种”构成。如：“工商总局、海关总署关于打击走私、投机倒卖进出口物资的通告”。

（2）由“发文机关＋文种”构成。如：“丹东市人民政府通告”。

（3）由“事由＋文种”构成。如：“交通管制通告”。

（4）只写“通告”二字。

2. 正文

正文都是由引言、主体、结尾三部分构成。

引言部分，即撰写通告的缘由，说明制发通告的目的、原因和根据。

主体部分，即通告事项，具体写明应当遵守和周知的内容。可用“特通告如下”转承连接。

结尾部分，即通告正文的结束。可针对须执行的有关事项提出要求、希望，并用“特此通告”作结。有时也可不写，形式比较灵活。

3. 发文机关

正文后签署发布通告的机关名称。如果通告的标题是发文机关名称加文种的，正文后也可不签署通告发布机关名称。

4. 日期

正文下方写明发文日期并加盖公章。

例文一

关于参加农村社会养老保险有关事项的通告

为全面落实中央的各项惠民政策，完善我县社会保障体系，解决农村居民老有所养问题，我县自1995年开展农村社会养老保险工作以来，累计参保人数达22 950人，领取养老金人数达1 484人。为扩大农村社会养老保险覆盖面，积极做好新型农村社会养老保险的前期基础性工作，根据《××省农村社会养老保险暂行办法》及有关政策规定，现将我县参加农村社会养老保险的有关事项通告如下：

1. 参保对象：凡年满16周岁以上，未满60周岁属农业户口的各类从业人员，包括户口在我县辖区内的农民、外出务工经商农民、农村籍义务兵，国家机关、企事业单位和各社会组织中的临时人员。

2. 缴费方式分为一次性缴费和多次缴费两种方式。参保对象可自愿选择。目前的缴费标准共分六个档次，即2 000元、3 000元、5 000元、10 000元、15 000元、20 000元或更高。按现行政策缴费20 000元积累年限达30年，参保对象年满60周岁次月起每月即可领取不低于357元的养老金至终身。

3. 首次参保人员可按原民政部门办理参保时最低标准200元缴费，也可按目前缴费标准自行参保。参保对象可根据自身经济条件选择不同缴费标准，采取一次性缴纳或逐年分期多次缴纳逐步积累的方式缴费。对原已在民政部门办理参保手续的参保对象仍可采取分期缴纳的方式继续缴费。

4. 根据政策规定，参保对象在缴费期内身亡或因正常情况发生退保的，参保个人账户内的资金本金、利息一次性退给指定受益人；参保对象在领取养老金期间身亡的，参保账户内的资金余额退给指定受益人。

未尽事宜请到各乡镇××所或县××局咨询。咨询电话：521××××。

××××局

××××年××月××日

例文二

××市××区人民政府
关于治理主城区主要街道“农村版”的通告

根据《××省城市市容和环境卫生管理条例》和省、市关于开展城乡环境综合治理的工作部署，××区政府决定综合治理主城区主要街道“农村版”，现将有关事项通告如下：

一、改造内容

（一）对现有商铺门面，取消卷帘门，安装玻璃门，根据需要加装不锈钢栅栏式卷闸门。

（二）对现有店面招牌按统一设计、基本统一风格进行改装。

（三）对立柱按要求进行改装，或对立柱立面广告进行清理，做好清洁维护。

二、改造主体

按照“谁所有、谁负责”的原则，由产权所有单位根据区统一要求实施改造。对个体户（产权业主），由经营者负责改造。规划设计由××区“农村版”治理领导小组办公室提供。

三、示范街区

××大道、××东路、××路、××路、××路、××路、××中路、××南路8条街道作为××区的示范街区，在××××年××月××日—××××年××月××日完成。

四、区商务、工商、税务、城管、建设、公安等部门和街道办事处按职能职责分工，各司其职，确保改造工作顺利进行。凡阻挠改造工作的，由相关部门依法处理。

特此通告。

××市××区人民政府
××××年××月××日

[点评]

两篇例文格式规范，引言部分说明制发通告的目的、原因和根据；主体部分具体写明了应当遵守和周知的内容，方便下属单位遵照执行。

四、通告与通知的区别

通知适用于批转下级机关公文，转发上级机关和不相隶属机关的公文；发布规章；传达要求下级机关办理和有关单位需要周知或者共同执行的事项；任免或聘用干部。通知大多属下行公文。

通告是党和国家机关、人民团体、企事业单位在一定范围内公布应当遵守或者周知的事项时，使用的下行公文。

通告与通知的差别主要在于：通告不涉及任何秘密，直接公开，即制成之后直接公之于众，而不像一部分通知那样，尽管最终也公开，但首先需按组织系统或专业系统逐层下达；通告提出的规范是公民的行为规范，一般不像通知那样涉及贯彻执行公文的要求，而主要提出公民应当遵守的具体事项；通告可依法自创有关规则，通知则主要是转达上级的指示精神并使之具体化。

知识链接——公告

公告是上至国家高级权力机关、行政机关向国内外宣布重要事项或法定事项，下至各机关部门、人民团体、企事业单位向有关方面或人民群众宣布重要事项的知照性公文。公告通常包括以下几个部分：

1. 标题

一般由发文机关的名称加上文种组成，如“全国人民代表大会公告”。也有的只写公文文种“公告”二字，而将发文机关的名称置于正文之后。还有一种情况是事由加文种。

2. 正文

公告内容单一，篇幅不长，一般采取一段式写法，由公告的依据和公告事项两部分组成。先写公告事项的依据，再写公告事项的内容，最后以“现予公告”“特此公告”等惯用语结尾。

3. 签署

在正文之下的横宽1/2处，写上发布公告机关的全名，若以个人名义发布，在姓名前要写上职务。

4. 日期

在签署下排写上年、月、日及发布公告的地点。

5. 编号

公告在标题下往往要由发文单位编出顺序号，如“第一号”“第二号”等。

例文

国务院公告

国务院［2008］×号

为表达全国各族人民对四川汶川大地震遇难同胞的深切哀悼，国务院决定，2008年5月19日至21日为全国哀悼日。在此期间，全国和各驻外机构下半旗志哀，停止公共娱乐活动，外交部和我国驻外使领馆设立吊唁簿。5月19日14时28分起，全国人民默哀3分钟，届时汽车、火车、舰船鸣笛，防空警报鸣响。

中华人民共和国国务院

二○○八年五月十七日

练　　习

一、简答题

1. 什么是通告？

2. 请简述通告的写作格式及种类。

二、写作题

根据下面的材料写一份通告。

××市物资交流会定于××××年××月××日至××月××日在文化公园举办。这个会是经过市人民政府批准的，并指示要保证商品展区交通畅通和群众安全，要求市公安局尽快制发一份通告。事项中提出交流会期间，××街禁止车辆通行，特殊情况经允许的除外，规定每天上午9时至下午5时禁止车辆通行，下午5时至次日9时，非机动车可以通行。

第五节　通　　报

一、通报的概念

通报是国家机关、社会团体、企事业单位表彰先进、批评错误、传达重要精神或情况所使用的一种下行公文。

二、通报的种类

根据内容的性质，通报可分为表彰性通报、批评性通报和情况通报三种。

1. 表彰性通报

表彰性通报是用来表彰先进单位和个人、介绍先进经验或事迹、树立典型、号召大家学习的通报。

2. 批评性通报

批评性通报是用来批评、处分错误，以示警戒，要求被通报者和大家吸取教训的通报。

3. 情况通报

情况通报是在一定范围内传达重要情况和动向，以达到推动工作目的的通报。

三、通报的写作方法

通报一般由首部、正文和尾部三部分组成。

1. 首部

通报的首部主要包括标题和主送机关两个部分。

（1）标题。通常有两种构成形式。一种是由发文机关名称、事由和文种组成，如“国务院办公厅关于对少数地方和单位违反国家规定集资问题的通报”；另外一种是由事由和文种构成，如“关于给不顾个人安危勇于救人的王××同志记功表彰的通报”。此外，有少数通报的标题是在文种前冠以机关单位名称，如“中共××市纪律检查委员会通报”；也有的通报标题只有文种名称。

（2）主送机关。除普发性通报外，其他通报应该标明主送机关。

2. 正文

通报正文的结构通常由开头、主体和结尾组成。开头说明通报缘由，主体说明通报决定，结尾提出通报的希望和要求。不同类别的通报，其内容和写法有所不同，现分述如下：

(1) 表扬性通报。一般在开头部分概述事件情况，说明通报缘由。由于它是作出通报的依据，因此要求把表扬对象的先进事迹交代清楚。如果属于表彰一贯表现好的单位或个人，事实叙述不但要清楚明白，而且要注意详略得当、重点突出。主体部分通过对先进事迹的客观分析，在阐明所述事件的性质和意义的基础上写明通报决定。结尾部分明确提出希望和要求，号召大家向先进学习。

(2) 批评性通报。在机关工作中使用得比较多，对一些倾向性问题具有引导、纠正的作用。批评性通报又分两种情况。一种是对个人的通报批评，写法和表扬性通报基本一样，要求先写出事实，然后在分析评论的基础上写明通报决定，最后提出希望和要求，让大家吸取教训，引以为戒。另一种是对国家机关或集体的批评通报。这种通报旨在通过恶性事故的性质、后果，特别是酿成事故的原因的分析，总结教训，从而达到指导工作的目的，所以写法和表扬性通报略有不同，正文主要包括写明事实、分析原因、提出要求和改进措施等项内容。

也有的批评性通报，是针对部分地区或单位存在的同一类问题提出批评。这类通报虽然涉及面比较广，但因错误性质基本相同，所以写法上以概括为主，大体和情况通报相近。

(3) 情况通报。主要起沟通情况的作用。旨在使下级单位和群众了解情况，以便统一认识、统一步调，推动全局工作的开展。正文主要包括两项内容：通报有关情况，分析并作出结论。具体写法，有的是先摆情况，然后分析得出结论；有的是先通过简要分析作出结论，再列举情况说明结论的正确性和针对性。总之，写法是多样的，如何表述可因事制宜，无须强求一律。

3. 尾部

包括发文机关署名和成文时间两个项目内容。有的在通报标题中已标明发文机关名称，这里就不必再写。

四、通报写作的注意事项

1. 通报的内容必须真实

通报的事实、所引材料，都必须真实无误。动笔前要调查研究，对有关情况和事例要认真进行核对，客观、准确地分析、评论。

2. 通报决定要恰如其分

无论哪一种通报，都要做到态度鲜明，分析中肯，评价实事求是，结论公正准确，用语把握分寸。否则通报不但会缺乏说服力，而且有可能产生副作用。

3. 通报的语言要简洁、庄重

其中表扬性和批评性的通报还应注意用语分寸，要力求文实相符，不讲空话、套话，不讲过头的话。

例文一

××市人民政府
关于表彰计划生育先进集体和先进工作者的通报

各县（市、区）人民政府，市属各部门：

“十一五”计划期间，我市各级党委、政府和有关部门高度重视计划生育工作，认真贯彻省计划生育条例，切实加强对计划生育工作的领导，全面完成了省下达的“十一五”人口计划和各项计划生育指标任务。2010年度，全市人口出生率降到×，平均生育率为×，低于全国、全省水平。这是全市各级干部、计划生育工作者和全市人民共同努力的结果。为了进一步推动我市计划生育工作的深入开展，市人民政府决定授予××县等35个单位“全市计划生育先进集体”光荣称号，授予×××等45位同志“全市计划生育先进工作者”光荣称号。希望受到表彰的单位和个人，要戒骄戒躁，继续努力，为我市计划生育工作向深层次、高质量发展作出新的贡献。

2011年，是“十二五”计划的第一年，各级政府和广大干部要全面贯彻落实好党的十七届五中全会精神，继续把计划生育工作放在更加重要的地位，坚持不懈地抓下去，切实加强领导，坚持按省计划生育条例规定依法管理，大力加强基层基础工作，为实现把我市“十二五”期间人口出生率控制在×以内的目标而努力奋斗。

××市人民政府（盖章）
××××年××月××日

附：××市计划生育先进集体、先进工作者名单（略）

例文二

国务院办公厅关于××省××市××县
擅自停课组织中小学生参加迎送活动的通报

20××年12月5日，××省××市××县举行××高速公路在本县通车仪式，××县主要领导擅自决定，让本县部分中、小学校停课参加通车仪式，近千名中、小学生在风雪天等候长达两小时，致使部分中、小学生生病，学生家长和群众极为愤慨，致信中央要求坚决制止此类现象。

中、小学校依照国家规定建立有严格的教育教学秩序，这是教育教学质量的保证，任何单位和个人都不能随意破坏。现在一些地方的个别领导利用自己的权力，动辄调用中、小学生为各种会议、考察、参观、访问甚至商业性典礼搞迎送或礼仪活动，有些地方还因此发生了严重事故，造成极恶劣的社会影响。

××县发生的问题，已不只是一般的形式主义，而是官僚主义，严重脱离群众，此类不良风气必须坚决予以制止。各地区、各部门以及各级领导干部，要高度重视这一问题并从中吸取深刻的教训，切实增强群众观念，杜绝此类事件再度发生。

中、小学生是祖国的未来，他们的学习和活动安排，要有利于他们的学习和身心健康。今后各地区、各部门都必须严格执行国家的有关法规和规定，不得擅自停课或随意组织中、小学生参加各种迎送或礼仪活动，如确有必要组织的，须报经省级教育行政部门批准。

国务院办公厅（盖章）

××××年××月××日

例文三

全市抗旱工作督察情况通报

11月29日，张××副市长主持召开了全市抗旱督察情况汇报会。会上，市政府11个抗旱督察组汇报了近期督察情况，张市长对全市下一步抗旱工作提出了具体要求。现将情况通报如下：

一、行动情况

10月10日，自全市召开抗旱工作现场会以来，各地加大了对抗旱工作的领导，迅速宣传动员，掀起了抗旱高潮。总体上看，各地抗旱工作行动较快、措施较实、效果较好。截至10月29日，全市动员24万名抗旱人员，动用机电井1.5万眼，投入抗旱机械8万多台(套)，浇灌小麦355.8万亩，受旱小麦基本浇灌一遍，部分麦田浇灌了两遍。

在抗旱工作中，涌现出很多先进典型。总体看，颍×、临×、界×、太×行动较好；××县×××、××、×××、××、××，××县××、××、××，××区××、××、××、××，××县××、××、××，××市××、×××、××，××县××、××、××，××区××、××景区、××、××，××区××、××等乡镇（办）抗旱工作力度大，小麦苗情较好；市供销社、市蔬菜办督察组工作深入、作风扎实，有力地促进了抗旱工作开展，对以上单位应给予通报表扬。

二、存在问题

1. 抗旱氛围不浓。个别地方领导认识不足，重视不够，靠天等雨思想严重，没能形成抗旱高潮。

2. 旱情持续发展。据气象部门预报，近期我市仍无明显降雨，气温偏高，土壤失墒较快，部分前期未受旱麦田出现旱情，少数浇水早的麦田再次出现旱情。旱情形势日趋严峻。

3. 抗旱工作不均衡。部分地方安排部署力度不够，抗旱工作存在死角死面。××县××、××、××，××县××、××，××区××，××县××、××，××市××，××县××，××区××，××区××、××等乡镇抗旱行动迟缓，一些麦田苗情偏弱。

4. 督察工作不够深入。个别督察组没能按照要求开展督察，督察次数较少，没有深入到所有乡镇和死角死面，督察工作不严，存在重督察轻指导现象。

三、下一步要求

1. 进一步安排部署抗旱工作。市政府近日将再次召开抗旱工作现场会，对抗旱工作进行再宣传、再动员、再部署，各地要充分认识当前旱情严峻形势，进一步安排部署，强化宣传，大力营造抗旱工作氛围。

2. 进一步强化措施再掀高潮。各地要加大工作力度，采取切实措施，做到领导干部下乡、技术人员下田、服务组织入户，把抗旱工作抓实。

3. 进一步强化督察尽职尽责。市政府 11 个督察组要继续开展督察工作，严格督察纪律，直到旱情全面解除。各县市区也要加强对抗旱工作的督察，对行动迅速、效果较好的给予通报表扬，对行动较差的给予通报批评，确保抗旱措施落实到位。

4. 进一步加强组织领导。各地要把抗旱工作作为当前农村工作的重中之重，切实加强领导，主要负责同志要亲自抓，分管负责人要具体抓，各有关部门要全力抓，特别是乡镇主要负责同志要全力以赴抓抗旱工作。

××市政府（盖章）

××××年××月××日

[**点评**]

例文一是一篇表彰性通报，在开头部分概述事件情况，说明通报缘由，把表扬对象交代清楚，事实叙述清楚明白，详略得当、重点突出；结尾部分明确提出希望和要求。例文二是对县政府的批评性通报，旨在通过恶性事故的性质、后果，特别是分析酿成事故的原因，总结教训，从而达到指导工作的目的。正文主要写明事实、分析原因、提出要求和改进措施等项内容。例文三是情况通报，主体部分介绍行动情况、存在问题、下一步要求，旨在使下级单位和群众了解情况，统一认识，统一步调，推动全局工作的开展。

五、通报与通告的区别

通报适用于表彰先进、批评错误、传达重要精神或者情况。表扬性和批评性通报，属对问题定性的文件，写作时必须十分慎重，文字要认真推敲。通告适用于在一定范围内公布应当遵守或周知的事项。

通报与通告不同：一是适用范围不同，通报有收文机关，以文件形式送达或在报纸上发表具有全国性普遍意义的通报；而通告没有收文机关，必须在公共场所张贴或媒体上发表。二是作用不同，通报用于表扬先进、批评错误、传达重要情况，必须在事后或事情发展过程中制发；而通告用于发布法规和告知人们应该知道的事情，常在事发之前制发。

练　　习

一、简答题

1. 通报的概念是什么？有哪些种类？

2. 通报的写作格式及注意事项是什么？

二、写作题

××县××厂发生重大火灾，该县人民政府特向本县各单位发出通报，要求以此为鉴，搞好防火工作。请你替该县人民政府拟一份通报。

三、修改题

请修改下面的通报。

县××化工厂，采取有力措施，切实贯彻《安全生产条例》，建立安全生产岗位责任制，实现全年生产无事故。成为市第一个安全生产企业。为此县政府决定对××化工厂通报表彰。

××县政府

××××年××月××日

第六节 报 告

一、报告的概念

报告是向上级机关汇报工作、反映情况、提出意见或者建议，答复上级机关询问时使用的公文。

报告使用范围很广。按照上级部署或工作计划，每完成一项任务，一般都要向上级写报告，反映工作中的基本情况、取得的经验教训、存在的问题以及今后工作设想等，以获得上级领导部门的指导。

二、报告的种类

根据内容和用途，报告可分为以下几种：

1. 工作报告

下级机关向上级机关汇报工作作出的报告。

2. 情况报告

反映突发事件或重大问题作出的报告。

3. 答复报告

下级部门针对上级部门提出的问题或询问作出回答的报告。这种报告是被动行文，必须实事求是回答问题，不能避而不答或答非所问。

4. 建议报告

下级机关主动向上级机关提出建议，请领导机关批转有关方面执行的一种上行公文。

三、报告的写作方法

报告一般由标题、主送机关、正文和落款四部分组成。

1. 标题

报告的标题一般有两种写法：一是完整式标题，由发文机关、事由、文种组成，如“××县政府关于2010年上半年工作情况的报告”；二是非完整式标题，由事由和文种名组成，如“关于××县旅游事业工作情况的报告”。

2. 主送机关

写明上级机关的全称或规范化简称。报告的主送机关只能有一个，其他机关以抄送形式处理。

3. 正文

报告的正文由开头、主体、结尾三部分组成。

（1）开头。概括说明写报告的缘由或总结报告的主旨，概述各方面工作总的情况。这部分末尾习惯用“现将……报告如下”等词语过渡。

（2）主体。这部分是报告的核心。不同类型的报告内容构成不一样：工作报告的主体一般包括各方面工作或某方面工作所取得的成绩、经验与问题；情况报告的主体需要将突发情况或某事项的缘由、经过、结果、性质与建议表述清楚；答复报告的主体要根据上级机关或领导的询问，有针对性地答复。主体内容较多时，可分条列项或分若干部分来写，各条、各部分之间要有逻辑关系，避免交叉并列或遗漏。

（3）结尾。用习惯用语作结语，如“以上报告，如无不妥，请批转执行”“以上报告请审阅”“以上报告妥否，请指示”。这里要注意的是报告不要求上级批复，所以结语不宜出现“请批示”的字眼。

4. 落款

署上发文机关和发文日期并加盖公章。如标题中已写明发文机关，可以只写发文日期。

四、报告的写作要求

1. 内容真实，表述客观

报告的内容必须经过调查核实，准确无误。写作时要实事求是，客观地陈述事实，不要夸大成绩或回避问题，更不能弄虚作假。

2. 主旨明确，材料具体

写报告要分清主次，详略得当，重点突出，避免面面俱到、记流水账。同时，要注意选择具体材料，运用最能说明问题的数据和典型事例反映情况、说明问题。

3. 有叙有议，简明朴实

报告是用来汇报工作、叙事陈情的，表达方式以叙述为主。但报告也要提出建议和意见，因此，在叙述的基础上可以做些分析议论，语言要简洁平实，切忌华而不实。

例文

七月份洁净乡村建设工作督察情况报告

××县政府：

7月26日至7月30日，县5个督察小组对各乡镇的洁净乡村建设及省级生态县创建情况进行了专项督察，重点督察了乡镇、村辖区内的长效机制落实、整体保洁及垃圾清运、示范培育和宣传工作落实、省级生态县创建档案资料收集及乡镇所在地污水处理设施试运行情况等情况。7月29日，县洁净办组织相关人员对县城城建区环境卫生状况和洁净社区创建情况进行专项督察。现将督察情况报告如下：

一、2010年7月洁净乡村建设优秀乡镇：

金×镇、蔡×乡、三×乡、大×镇、应×乡、垵×乡。

二、主要完成情况

(一) 20个乡镇洁净乡村建设进展情况

1.6月份整改落实情况。各乡镇党委、政府根据县洁净办的情况反馈和整改要求，及时制定了工作整改方案，组织相关人员对相关村及点位开展了集中式的卫生整治，并全面落实督察、日常保洁等长效管理机制。从督察情况来看，6月份督察中要求落实整改的村及相关点位上的垃圾、卫生死角目前已基本清理干净，整改成效明显。

2. 长效机制落实情况。7月份，各乡镇、村进一步健全完善了各项日常保洁、督察、考核等长效管理机制，健全了基本工作台账。各村保洁人员和经费基本到位，镇乡财政对保洁经费均有不同程度的投入，部分村保洁员工资报酬偏低的情况得到一定改善。大部分乡镇完成了村级保洁、督察制度和保洁、清运人员照片上墙工作，并对一些不规范的村进行及时调整。同时，进一步加大了对村级保洁员、清运员的日常督察力度，严格工作考核办法。如，湖×乡在洁净乡村创建中一直坚持“十天一督察，一周一点评”制度，邀请了县人大代表、乡退休干部、退居二线的老领导等人员组成特殊的督察组，对全乡26个行政村进行全面督察，量化打分并形成督察意见反馈给各村；应×乡设立两个考核督察组，一个由洁净办牵头，另一个由乡主要领导牵头，乡纪委、3个村干部等组成的乡考核督察组，对各村实行月考核督察制，每月督察两次，按督察情况对乡干部、大学生村官、村干部进行考核奖惩，并加强了对清运人员和保洁员的督察，规定人人都可监督举报，规定了具体的举报奖励和处罚清运人员、保洁人员的措施；北×镇建立了洁净办考核、领导考核、三个片交叉考核的三级考核制度；西×乡每月定期召开村主要领导干部洁净乡村专题汇报会，对各村当月的洁净乡村工作开展的内容、亮点、成效进行星级评定；柘××乡在乡党政办试点推行“7S”管理，打造洁净的办公环境。

3. 辖区内的整体保洁及清运情况。各乡镇、村整体卫生状况进一步改善，大部分村基本做到制度建全、人员到位，垃圾进箱、清运及时，村庄洁净、河道清洁，道路周边树林、竹林没有明显的垃圾堆积，辖区内的日常保洁持续常态化管理。没有保洁员或因自然交通条件限制的自然村，大部分都因地制宜开展了垃圾收集、处理工作，河道日常保洁进一步加强。从督察情况看，全县大部分河道都得到了有效整治，卫生状况得到明显好转。乡镇垃圾清运工作有序推进，除高×乡外，其余16个乡镇已将辖区范围内的大部分生活垃圾清运至县垃圾填埋场集中处理，小部分就地焚烧处理或填埋。要求建设简易中转站的大×、北×、××湾3个乡镇已基本完成工程建设。黄××、柘××、西×3个乡的焚烧炉已完工，切实有效保障了垃圾焚烧处理能力。

4. 样板培育及示范带动情况。7月12日召开了全县洁净乡村现场会，县四大班子主要领导、各乡镇书记、分管领导、相关部门负责人一行60多人，现场考察了三×、大×、湖×、金×、应×、北×等乡镇的洁净乡村建设情况。在13日乡镇工作汇报会和洁净乡村工作例会上，县主要领导又专题对全县的洁净乡村工作进行了总结回顾和全面部署。会后，各乡镇、村工作的热情持续高涨，相互学习、相互借鉴、相互追赶的良好氛围全面形成。7月中下旬，许多乡镇分别组织村两委主要成员前去金×、北×、三×等乡镇考察取经，取长补短，深化工作认识，全面推进洁净乡村建设。各乡镇的示范村、样板村、洁净示范户的创建得到进一步提升，逐步从日常保洁向乱堆乱放整治、村级污水处理等纵深推进，村庄面貌得到很大改善，对周边的村也起到了很大的示范带动作用。如××乡×村从深化村庄整治着手，硬化了进村道路和村内里弄，全面清除了村内牛栏猪栏和露天厕所；北×、应×、黄×等许多乡镇给每户发放了家庭用垃圾桶，农户自觉做到垃圾进箱，村庄道路干净整洁。北×镇岱×村所有路边简易厕所全部拆除，建成村公厕，同时对全村的生活污水进行了专项整治，实行集中处理，村庄面貌焕然一新。

5. 宣传教育活动开展情况。7月份，各乡镇、村分别结合“七一”“八一”等节日开展了形式多样的宣传活动，进一步浓厚宣传氛围。如：应×乡7月中旬开展了洁净乡村大比拼活动，联合督察组特别邀请了上×乡级洁净乡村优秀村的3位村主要干部参与对15个村的验收评比，在各村之间形成“你追我赶，共同进步”的竞争氛围；三×乡排×村开展“党员队长20米负责制”活动，全村的每个党员和每个队长，除带头搞好自家卫生同时还主动做好以自家为中心半径20米范围内环境卫生保洁工作；大×镇开展了“洁净乡村活动党员先行”活动，有的党支部确立包干区由党员承包、有的党支部确立党员活动日、有的党支部每位党员联系农户参与洁净乡村工作等；县运管所积极开展微笑服务，引导乘客从自己做起、养成文明礼貌的行为习惯；开展美化环境活动，统一制作宣传标语张贴于客车车厢内，在客运车辆车厢内配备垃圾袋和垃圾桶，有条件的车辆通过车载视频播放有关宣传片，引导乘客不乱扔垃圾，讲究文明卫生。

6. 洁净家庭创建情况。县妇联充分发挥联系家庭、服务妇女的优势，精心组织，周密部署，在全县上下广泛开展了“微笑妇女，洁净家庭”创建活动，7月份还在北×召开了乡镇妇联主席会议，全面推广北×镇洁净家庭的创建经验。目前，洁净家庭创建工作已全面推开，取得了阶段性成果。如：柘××乡在全乡范围内开展了“村村洁净示范户”评选活动，建设洁净家庭样板户；北×镇开展了“洁净家庭示范户”评比活动，首批“洁净家庭示范户”已挂牌落户；垵×乡政府开展“星级洁净家庭”评选，第二季度共评选出一星级洁净家庭351户、二星级洁净家庭219户、三星级洁净家庭13户。

7. 省级生态县创建档案资料收集情况及乡镇政府所在地污水处理设施试运行情况。截至目前，20个乡镇的省级生态县创建相关档案资料的收集、报送工作已全部完成。6月份未完成的4个乡镇政府所在地污水处理设施建设进度已大大加快，其中湖×乡、新××镇已基本完工；石×镇的处理设备未安装；大×镇的观察井还未完工。

（二）县城建成区环境卫生及洁净社区创建情况

从督察情况来看，县城建成区范围内的整体环境卫生状况良好，垃圾清运及时，日常管理较完善，与前一阶段相比有很大改变。但在建成区内发现较多建筑垃圾乱堆乱倒现象，部分河道、路段仍有零星垃圾，部分店铺“门前三包”制度落实不到位，部分市民随地乱扔垃圾的现象还时有发生。妙×镇洁净社区创建工作严重滞后，7大社区的洁净社区创建工作均未正式启动，各社区的创建机构、创建方案、长效管理机制及日常督察制度也未建立，社区内的部分楼院、里弄还存在一些历史遗留的卫生死角，浓厚的创建氛围还没有形成。

三、存在问题

（一）源头管理还要进一步加强

虽然目前各乡镇、村的长效机制和源头管理得到了进一步的加强，但在局部仍存在突击和应付的痕迹。部分乡镇、村的历史遗留垃圾清理仍不到位，还有卫生死角。各项制度及保洁员、清运员基本情况未上墙的村仍然存在。部分自然村的日常保洁工作还只停留在口头，保洁人员、经费及相应的措施都没有真正落实到位。河道保洁仍然是老大难问题，要进一步巩固和加强。

（二）乡镇垃圾清运要进一步加强监管

从县垃圾填埋场的垃圾量统计情况来看，大部分乡镇运至填埋场的垃圾量都偏少，除一部分焚烧处理外，还有很大一部分的垃圾仍留在辖区范围内没有清运出来，乡镇垃圾清运工作仍需进一步加强。同时，还存在部分乡镇的清运人员没有按照填埋场的要求倾倒垃圾，增加了县填埋场的处理成本和工作压力。

（三）洁净社区创建要切实加快工作进度

从督察情况来看，目前洁净社区创建工作远远落后于全县洁净乡村创建的整体进度，整体工作还处于初始阶段，没有真正开展起来，与洁净社区的创建标准还有很大的差距，妙×镇及各社区要尽快启动洁净社区创建工作，切实加快工作进度，点面结合全面推进。县环卫处必须要加大建筑垃圾的执法监督力度，确保县城的干净整洁。

四、下一步工作要求

（一）继续加强源头管理，全面开展常态化管理

下一步，县洁净办将继续加强源头管理，重点加强源头地区、自然村、河道的长效管理

机制的健全和落实，不断创新工作机制，通过制度约束、宣传引导、督促落实，全面保障源头管理向纵深推进，确保长效管理机制真正落实到位。各乡镇、村要进一步强化日常保洁全覆盖的工作理念，彻底摒弃突击和应付的不良工作态度，对源头管理和长效机制的薄弱环节，及时采取有效措施全面加强和不断改进。同时，在做好日常保洁和垃圾清运的基础上，加强对乱搭乱建、乱堆乱放、乱倒乱排现象的整治，确保村容村貌整洁。

（二）不断创新督察制度，继续严格督察工作

自洁净乡村督察工作开展以来，县洁净办在严格督察制度的同时不断创新和完善督察制度，6月份各督察小组首次实行了片组之间的交叉督察，对“公平、公正、公开”开展和平衡全县的督察工作起到了很大的推动作用。从8月份开始，打破原来的每个月最后一个星期为各小组月督察的固定时间，改为每个月对乡镇的具体督察时间由各督察组组长视工作情况自行安排，在时间安排上可有效防止乡镇、村的突击性行动。下一步，县洁净办仍将继续严格落实“20＋1”制度，对20个乡镇及县城建成区的洁净乡村建设工作开展全面督察。8月份，县洁净办将适时组织县两办督察室、效能办、电视台开展暗访，暗访结果在县电视台等新闻媒体上曝光，全面推进洁净乡村建设稳步有序推进。

（三）着力破解创建难题，全面推进洁净社区创建

下一步，县洁净办将组织相关人员深入调研洁净社区创建过程中存在的难点和瓶颈，协调各方全力破解，力求快速推进，短期见效。妙×镇、各社区要高度重视洁净社区创建工作，按照年初的统一部署，立足自身实际，迅速行动，及时清理历史遗留问题和各卫生死角，尽快建立健全洁净社区创建领导小组和相应的管理监督队伍，制定出台洁净社区创建工作实施方案和行之有效的日常保洁、长效管理和督察等制度。各社区要与社区每一户居民签订门前屋后“三包”责任书，组织召开一次以上小组长、居民代表、楼院长会议，全面部署创建工作，明确工作责任。同时，要利用各种途径开展多层次、多形式的宣传活动进行广泛宣传，并在显眼处张贴固定两条以上宣传标语，全面开展“洁净家庭”创建工作，确保完成80％的家庭成为“洁净家庭”的目标任务。

（四）不断深化宣传教育，积极营造良好创建氛围

各乡镇、村要继续保持良好的工作态势，进一步深化宣传教育活动，不断提高广大群众的环保意识和文明素养，切实增强市民对洁净乡村建设的认同度和参与热情，因地制宜地开展各种喜闻乐见、通俗易懂的宣传教育活动，全面营造“洁净乡村人人参与、人人有责”的浓厚氛围。各乡镇、村要继续加快“洁净家庭”创建工作，做到有奖励、有表扬，充分发挥村民做好卫生保洁的积极性。同时，要进一步提升示范村的培育力度，力求每乡镇都有3个～4个样板村，且力求典型培育特色明显，示范带动有效推进，通过打造样板村更好地带动周边村庄的创建工作，在全县上下形成浓厚的创建氛围。

以上报告，如无不当，请县政府批转各村有关部门贯彻执行。

××调查组

××××年××月××日

[点评]

例文是一篇关于洁净乡村建设工作督察情况的专题性报告，首先简要介绍此次督察的基本情况，随后，从“完成情况”“存在问题”“下一步工作要求”三个方面进行汇报，全文条理清晰，材料具体，有观点，有分析。

练　　习

一、简答题

1. 什么叫报告？报告的正文包括哪几部分？

2. 在写报告的过程中要注意哪些问题？

二、写作题

根据你村实际，写一份关于人口普查工作进展情况的报告。

第七节　请　　示

一、请示的概念

请示是下级机关向上级机关请求指示或批准事项的一种常用公文。一般来说，凡属本机关无权、无力、无法解决的事项，都须用请示行文，请求上级机关给予指示或批准。

二、请示的种类

请示根据不同内容和写作意图可分为三类：

1. 请求指示的请示

此类请示一般是政策性请示，是下级机关需要上级机关对原有政策规定作出明确解释，对变通处理的问题作出审查认定，对如何处理突发事件或新情况、新问题作出明确指示等请示。

2. 请求批准的请示

此类请示是下级机关针对某些具体事宜向上级机关请求批准的请示，主要目的是为了解决某些实际困难和具体问题。

3. 请求批转的请示

下级机关就某一涉及面广的事项提出处理意见和办法，需各有关方面协同办理，但按规定又不能指令平级机关或不相隶属部门办理，需上级机关审定后批转执行，这样的请示就属此类。

三、请示的特点

1. 请示事项一般时间性较强。请示的事项一般都是急需明确和解决的，否则会影响正常工作，因此时间性强。

2. 应一事一请示。

3. 一般主送一个机关，不多头主送，如需同时送其他机关，应当用抄送形式，但不得在请示的同时又抄送下级机关。

4. 应按隶属关系逐级请示，一般情况不得越级请示，如确需越级请示，应同时抄报直接主管部门。

四、请示的写作方法

请示一般由标题、主送机关、正文、落款四部分组成。

1. 标题

请示的标题一般有两种构成形式：一种是由发文机关名称、事由和文种构成。如“××县人民政府关于××××××的请示”；另一种是由事由和文种构成，如“关于开展春节拥军优属工作的请示”。

2. 主送机关

主送机关即负责受理和答复该文件的上级机关。请示只向特定的上级机关呈送，一般不直接送交领导个人，如果本机关受双重领导，那么主送的只能是其中一个主管机关，另一个以抄送形式呈送。

3. 正文

正文的结构一般由开头、主体和结语组成。

(1) 开头。开头主要交代请示的缘由。它是请示事项能否成立的前提条件，也是上级机关批复的根据。原因讲得客观、具体，理由讲得合理、充分，上级机关才好及时决断，予以有针对性的批复。

(2) 主体。主体主要说明请求事项。它是向上级机关提出的具体请求，也是陈述缘由的目的所在。这部分内容要单一，只宜请求一件事。另外，请示事项要写得具体、明确、条项清楚，以便上级机关给予明确批复。

(3) 结语。结语应另起段，习惯用语一般有“当否，请批示”“妥否，请批复”“以上请示，请予审批”或“以上请示如无不妥，请批转各地区、各部门研究执行”等。

请示的正文主要由请示的原因、内容、要求三部分组成，请示时应将理由陈述充分，提出的解决方案应具体、切实可行。请示的注意事项除其特点中所述之外，还应注意请示与报告的区别，切忌用报告代请示行文；请求的内容若涉及其他部门或地区时，在正常情况下应事先进行协商，必要时还可联合行文，如有关方面意见不一致，应如实在请示中反映出来；另外请求拨款的应附预算表，请求批准规章制度的，应附规章制度的内容，请示处理问题的，本单位应先明确表态。

4. 落款

一般包括发文机关和成文时间两个项目内容。标题写明发文机关的，这里可不再署名，但需加盖单位公章，成文时间写上××××年××月××日。

例文

关于申报全国新型农村社会养老保险试点的请示

××市人民政府：

××县位于河南省××部，××盆地西北侧，××山南麓，是“中国×××之乡”“中国××之乡”，也是中国500个商品粮生产基地县之一。全县总面积×××平方公里，辖××个乡镇（街道）××个行政村，××个社区（村支书××人，村委会主任由村支书兼任）；总人口××万人，其中农业人口××万人（年满60周岁的农业人口××万人，16～59周岁农业人口××万人）；2009年度农民人均纯收入××××元，县一般财政预算收入××亿元。

这次全国新型农村社会养老保险试点工作的开展，是我县新农保工作进一步发展的契机，不仅能满足我县广大农民的养老需求，而且能够促进全县经济社会大局稳定，同时将为下一步新农保工作的全面开展提供经验。经过深入分析、对照申报标准，我们认为，我县现已具备申报新型农村社会养老保险试点县的条件。

一、参保群体大，群众参保积极性高

××县作为全国500个商品粮生产基地县之一，是中原腹地的一个农业大县，农民人口占总人口的80%以上，且农民年均收入不高，部分农民生活条件差，缺少经济来源，现行农村医疗保险政策覆盖面窄，保障水平不高，无法充分满足大部分农民的基本养老需要，广大农民亟须通过参加新型农村社会养老保险以提高养老保障水平。同时，我县有一定经济基础，参加新型农村社会养老保险的农民群体较大，参保率可以得到有效保障。

二、工作基础好

我县农村社会养老保险工作于××年×月正式启动，县委、县政府不断创新工作方法，完善工作机制，先后出台了《××县农村社会养老保险暂行办法》《××县被征地农民就业和社会保障暂行规定》和《××县村干部规范化管理办法》等一系列文件，为有效解决农民养老问题积累了宝贵经验，为全省乃至国家中西部地区新型农保工作推进作出了积极贡献，得到了国家、省、市主管部门的充分肯定。我县将把试点工作列为今后全县一项重点工作和民生工程来抓，加强组织领导，采取得力措施，严格规范资金管理，精心组织农民参保缴费工作，提高经办人员素质，提升服务质量，力争把好事办好、实事办实。

综上所述，我县申请列入国家新型农村社会养老保险试点县，恳请上级研究确定。

此请示当否，请批复。

××县人民政府

××××年××月××日

[**点评**]

例文是一篇请求批准的请示，请求事由是“申报全国新型农村社会养老保险试点”，并说明本身已具备新型农村社会养老保险试点县的条件，理由充分，事项明确具体，意见切实可行。

五、请示和报告的区别和联系

1. 请示和报告的区别

(1) 请示用于向上级机关请求指导、批准，上级接文后一定要给予批复；报告则用于向上级机关汇报工作、反映情况、提出建议，供上级了解情况，为上级提供信息和经验，上级机关接文后，不一定给予批复。

(2) 请示内容具体单一，要求一文一事，必须提出明确的请求事项；报告内容较广泛，可一文一事，也可反映多方面情况，但不能在报告中写入请示事项，也不能请求上级批复。请示起因、事项和结语缺一不可；报告行文较长，结构安排不拘一格，因文而异。

(3) 请示涉及事项是没有进行的，等上级批复后才能处理，必须事前行文，不能先斩后奏；报告涉及事项大都已发生或正在进行中，可以事后行文，也可以事中行文。请求时间性要求强，报告时间性要求一般较差。

(4) 批准性请示，上级作出答复前，成文单位无权安排和办理；批转性报告在上级作答复前，成文单位即可进行安排和部署。

2. 请示与报告的联系

请示与报告虽然文种不同，但两者之间仍有某些相同之处。

(1) 主送单位相同。请示、报告的主送单位都是上级机关。因此，两者都是上行文，都是下级机关向上级机关呈送的报请性公文。

(2) 行文手法相同。请示、报告都是用具体的事实和确凿的数据行文，忌言过其实、弄虚作假、混淆上级机关视听。

(3) 表达方式相同。请示、报告都要求把有关事实叙述得清楚明白。这种叙述并非记流水账式的罗列材料，而是对有关事实进行系统的归纳和概括。

(4) 用语要求相同。请示、报告都是处理问题、指导工作的依据，使用语言时都要求通俗易懂，一目了然。

练　习

一、简答题

1. 什么是请示？请示可以分为哪几类？

2. 请示和报告有哪些区别和联系？

二、写作题

由于今夏降水量大，村里大部分田地被淹，很多农户几乎没有收成，请你代村长写一份请示，请求上级政府给予困难补助，以帮助受灾农户安稳过冬。

第八节　函

一、函的概念

函是平行机关及不相隶属机关之间相互商洽工作、询问和答复问题时所使用的一种公文。“不相隶属机关”，包括没有直接行政隶属关系的各类业务关系部门，而不论级别是上级、平级还是下级。函作为公文中唯一的一种专用平行文种，适用的范围相当广泛，如调动干部、联系参观学习、联系业务、邀请参观指导、询问疑难。

二、函的种类

按函的性质，可分为公函和便函两种。公函即公文“函”，属于国家行政机关公务活动往来的正式公文，与一般信件不同，具有公文的法定效力，按公文程序处理；便函则用于各企事业单位处理日常事务性工作，不属于正式公文，公文格式要求不严格，可以不用发文字号等。

按发文目的，函可分为发函和复函两种。发函即主动提出公事事项所发出的函，复函则是回复对方发函的函。

按内容和用途，函可分为商洽函、询问函、答复函、催办函、转办函、邀请函、请批函、报送函等。

三、函的特点

函具有如下特点：第一，沟通性。函用于同级或不相隶属机关之间相互商洽工作、询问和答复问题，充分显示平行文种的沟通作用和功能。第二，灵活性。表现在两个方面：一是行文关系灵活，没有其他文种那样严格的行文关系限制，凡不便使用13种规定公文中其他文种的，大都可以使用；二是格式灵活，除了公文函必须按照公文的格式行文以外，其他便函均较灵活，版头、编发文号等均可有可无，甚至可以不拟标题。第三，单一性。函的核心内容应该具备单一性的特点，一份函只宜写一件事项。

四、函的写作方法

公函的结构通常包括标题、主送机关、正文、结语、落款五部分。便函视具体情况而定，有一定灵活性。

1. 标题

函的标题通常有三种写法：一是由发函机关、事由、受理机关和文种组成，如“国务院办公厅关于悬挂国旗等问题给湖北省人民政府办公厅的复函”；二是由发函机关、事由和文种组成，如“××市劳动局关于工伤确认等问题的函”；三是由事由和文种组成，如“关于订购《基础写作学》的函”。如属回复问题的函，则多在“函”字前加“复”字，如“关于建设单位为动迁户建房问题的复函”。

2. 主送机关

函的行文对象一般来说是明确、单一的，所以多数函的主送机关只有一个。但有时涉及部门多，也有排列多个主送机关的情况。主送机关在文首顶格写全称或者规范化的简称，其后用冒号。

3. 正文

正文内容一般包括两层：

（1）致函缘由。概括交代致函的目的、根据、原因等内容。“发函”缘由如“根据国务院国发［20××］××号文件关于‘凡新建（包括统建和自建）、扩建宿舍，都应把必需的生活服务设施包括进去，商业服务网点应占新建扩建面积的7%左右’的规定，请你局……”然后用“现将有关问题说明如下”等过渡语转入下文；“复函”的缘由部分，一般首先引叙来文的标题、发文字号、主要内容，然后再交代复函根据，说明缘由，最后以“经研究，现将有关事项函复如下”等过渡语转入下文。

（2）致函事项。这是函的核心部分，要求中心明确，内容具体，方便对方办理或答复。一函一事，内容单一，行文要直陈其事。无论是商洽工作、询问和答复问题，还是向有关业务主管部门请求批准事项等，都要用简洁得体的语言，把需要告诉对方的问题、意见叙述清楚。写复函还要注意答复事项的针对性和明确性。如果事项比较复杂，则分条列项书写。

4. 结语

一般用礼貌性语言向对方提出希望，但类型不同的函，结语有所不同。如果行文只是告知对方事项而不必对方回复，则结语常用“特此函告”“特此函达”；若是要求对方复函的，则用“盼复”“望函复”“请即复函”等语；请批函多以“请批准”“请大力协助为盼”“望能同意”“望准予××是荷”等习惯用语结束；复函的结语常用“特此函复”“特此回复”“此复”等惯用语；有的函也可以不用结束语，如便函，可以像普通信件一样使用“此致敬礼”。

5. 落款

署上发文机关单位名称和成文日期并加盖公章。

五、函写作的注意事项

1. 讲究函件内容的专一性和朴实性

函要严格按照公文内容专一、集中的要求写，一函一事。行文要直陈事项、言简意赅。至于复函，则要注意行文的针对性、答复的明确性。无论是平行机关或者是不相隶属机关的行文，都要注意语言朴实有礼，切忌使用生硬、命令性的语言，更不要倚势压人或强人所难，也不必曲意逢迎、恭维客套，避免含糊笼统、犹豫不定。

2. 注重使用函件的规范和时效

国家行政机关的正式公文函有法定权威性，必须具备正式公文的规范格式，使用印有发文机关名称的信纸拟定标题，编制发文字号，结构要求完整。不要把函当成公务中的一般信件。发文单位要郑重其事，不能轻率发出；收文单位要郑重对待，公事公办，一丝不苟。尤其是向主管部门请示批准的函，代行请示职能，不能因其不使用“请示”而轻视。便函虽比较灵活，但不可随意，也要注意规范性。

函有时效性问题，应该迅速、及时地处理，以保证公务等活动的正常进行。

例文一

××村村委会关于聘请刘××老师讲课的函

××县畜牧局：

我村村委会计划于2011年3月15日至4月20日举办养殖科技培训班。因村民专业知识有限，拟请贵局刘××老师讲授“动物群发病防护”课。如能得到贵局支持，刘老师来我村培训班上课期间，我们按规定付讲课费。可否，请函复。

此致

敬礼

××村村委会（公章）

××××年××月××日

例文二

××县畜牧局公函　第46号

××村村委会：

来函收悉。关于请刘××老师讲课一事，我们同意。我局已征求本人及科室意见，并做了妥善安排。特此函复。

此致

敬礼

××县畜牧局（公章）

××××年××月××日

［**点评**］

这两篇例文一封是函、一封是复函，格式正确，内容简要，清晰具体。

知识链接——函的历史由来

函，本意为舌、含、包含、包容，引申为匮、匣、盒子，再引申为封套、书套。因信件有封套，故将信件称为函。起初函只作为私人信札。晋朝时期，凡荐人奏章，往往先私人密启，然后公奏。自此以后，公务行文夹用私函，这是函作为公文名称的起源。到清代，上级官署对下级官署在批札之外，常常加一书信，叫做“加函”或“加桁”，也有叫“附片”的，这表明当时函已成为一种公务文书。

另外，咨也曾有着函的功能，亦作“谘”，又称咨文。咨的本义是商量、询问，三国时已有咨文，但不是作为公文使用的。宋朝，咨文正式作为一种较高规格的平行文使用，用于翰林院与中书、门下、尚书三省、枢密院之间的平行公文称之为“咨报”。宋后，咨一直作为较高规格的平行文使用，直至民国时期。辛亥革命后公文文种大大简化，在仅有的几个文种中，平行文仅保留了咨一种，但用途已较之前要更加广泛。在革命战争时期和新中国成立后，废除了咨文，代之以“函”。1921年北洋政府发布的《公文程式条例》规定，“公函”用于无隶属关系的官署之间行文。1928年国民政府修订《公文程式条例》重申了这一规定。这个规定把“函”定为平行公文之一。新中国成立后，“函”一直被列为公文的一个文种。1951年9月，政务院颁布的《公文处理暂行办法》规定：“平行机关及不相隶属的机关行文时用‘公函’，介绍、商洽、询问、催办等事得用‘便函’，只需个人署名或盖用机关长戳、圆章即可。”1981年国务院办公厅发布的《国家行政机关公文处理暂行办法》中取消了“公函”“便函”，只列“函”一个文种。

练　　习

一、简答题

1. 函的概念是什么？函有哪些种类？

2. 函的写作方法及注意事项是什么？

二、写作题

根据下列背景，请你代××村村委会拟写一封函。

××村这几年来经济发展很快，养鸡场规模越来越大，原有的鸡舍、设备已经明显不够使用，管理困难很大，村民意见也很多。村领导决定就地改建鸡场。目前这个项目已获审批，资金也审批调拨到位，但村周边树龄大约在 40 年以上的 6 棵松树和杨树在新规划的建筑墙基上，无法进行施工。现在，××村村委会不知如何处置这 6 棵树，于是，他们在 2011 年 3 月 23 日就此事向市园林局发出一封函。

三、改错题

下面是某村的一则便函，其中有些内容没有写清楚。请修改这则便函。

××村村委会
关于联系参观见习的函

××奶牛厂：

我村部分村民饲养奶牛已有一段时间，有的村民已经进行了一段时间的专业理论学习，现急需了解奶牛饲养的实践技能。你厂设备先进、工人素质高，十分适宜我村村民参观实习。因此，拟安排我村村民到贵厂车间参观见习 1 个星期。如蒙同意，我们将在得到贵厂回函后，派带队人员前去贵厂具体磋商。

特此函达，务希研究见复。

××村村委会（盖章）
××××年××月××日

第五章　农村契约文书

学习目标：

◆了解什么是契约文书以及常用的契约文书的类型。

◆掌握凭据的种类和写作要求。

◆能按合同的基本格式写作。

人们在日常的工作和生活中，往往要写一张条子交给对方（个人或单位）作为凭据，或者两个或几个人把大家都同意的事情固定下来，说明白、说清楚，把达成一致的事项作为协议。这种作凭据用的条子、几个人共同达成的协议就属于契约。

契约文书是机关、团体及个人在政治活动中、经济生活中经常使用的应用文体。它以文字的形式把双方或多方在交往中商定的有关事项记载下来，作为共同履行的凭证，具有较强的约束力。

契约文书具有政策性、强制性、互利性的特点，广泛地应用在社会各个领域里，约束和规范着人们的行为，使国家的利益、集体和公民的合法权益不受侵犯，因此，写好契约文书意义重大。

第一节　凭　　据

一、凭据的概念

凭据，习惯上又称条据，是人们在处理钱、物的过程中，为了手续清楚或作为凭证而写的字据。

常用的凭据有借条、欠条、收条、领条等。

小资料

写凭据十忌

一忌空白留得过多。　二忌大写、小写分不清楚。
三忌用褪色墨水书写。　四忌不写条据日期。
五忌条据内容表述不清。　六忌名字不写齐全。
七忌不认真核对。　八忌使用同音同义字。
九忌印鉴不规范。　十忌还款时不索回条据。

二、凭据的写作方法

1. 借条

借条是指借个人或公家的现金或物品时写给对方的条子。钱物归还后，打条人收回条子，作废或撕毁。它是一种凭证性文书。通常是借钱以后按期归还和借钱数额的凭证，如果没有借条，别人就可能赖账或者违约。

借条在格式上分为标题、正文、署名和日期等部分。

（1）标题。一般居中写“借条”；也可用正文内容的前三个字“今借到”作为标题，但这类标题的正文要顶格写。

（2）正文。正文要写清所借钱物的数量、品种、规格以及何时归还等。习惯上，正文写完后，可接着写上“特立此据”；也可另起一行空两格，写上“此据”字样。“特立此据”或“此据”也可省略。

（3）署名。署名写借者本人的姓名；如是单位借用，则分别署上单位名称和经手人姓名，必要时还须加盖公章或按指印。

（4）日期。日期写在署名下，年、月、日要写全，不能只写月、日。

例文一

借条

今借到王××先生人民币叁仟元整，借期肆个月，月息壹分，到期本利归还，决不延误。

此据。

立借据人　李××（盖章）
××××年××月××日

例文二

今借到

村委会篮球伍个、乒乓球拍叁副、羽毛球拍壹副，叁日内归还。特立此据。

××村　经手人王××

××××年××月××日

知识链接——案例分析借条8大陷阱

1. 打借条时故意写错名字

王某父子向朋友张×祥借款20万元，并打下借条，约定一年后归还欠款及利息。想不到王某父子在借条署名时玩了个花招，故意将“张×祥”写成“张×样”。张×祥当时也没有注意。到还款期后，张×祥找到二人催要借款，谁知二人却以借条名字不是张×祥为由不愿归还。无奈之下，张×祥将王氏父子告到法院。尽管法院支持了张的主张，但张也因在写借条时不注意浪费了许多时间精力。

2. 是己借款，非己写条

王某向张某借款10 000元。在张某要求王某书写借条时，王某称到外面找纸和笔写借条，离开现场，不久返回，将借条交给张，张某看借条数额无误，便将10 000元交给王。后张某向王某索款时，王某不认账，张某无奈起诉法院，经法院委托有关部门鉴定笔迹，确认借条不是王某所写。后经法院查证，王某承认借款属实，借条是找别人仿照自己笔迹所写。

3. 利用歧义

李某借周某100 000元，向周某出具借条一份。一年后，李某归还5 000元，遂要求周某把原借条撕毁，其重新为周某出具一张借条：“李某借周某现金100 000元，现还欠款5 000元”。这里的“还”字既可以理解为“归还”，又可以解释为“尚欠”。根据民事诉讼法相关规定“谁主张，谁举证”，周某不能举出其他证据证实李某仍欠其95 000元，因而其权利不会得到保护。

4. 以“收”代“借”

李某向孙某借款7 000元，为孙某出具一张借条：“收条，今收到孙某7 000元”。后因李某不认账，孙某在向法院起诉后，李某在答辩时称，为孙某所打收条是孙某欠其7 000元，由于孙给其写的借据丢失，因此为孙某写了收条。类似的还有“凭条，今收到某某××元”。

5. 财物不分

郑某给钱某代销芝麻油，在出具借据时，郑某写道：“今欠钱某芝麻油毛重 800 元。”这种偷“斤”换元的做法，使价值相差 10 倍有余。

6. 自书借条

丁某向周某借款 20 000 元，周某自己将借条写好，丁某看借款金额无误，遂在借条上签了名字。后周某持丁某所签名欠条起诉丁某归还借款 120 000 元。丁某欲辩无言。后查明，周某在 20 000 前面留了适当空隙，在丁某签名后便在后加了“1”。

7. 两用借条

刘某向陈某借款 18 000 元。出具借据一张：“借到现金 18 000 元，刘某”。后刘某归还该款，陈某以借据丢失为由，为刘某出具收条一份。后第三人许某持刘某借条起诉要求偿还 18 000 元。

8. 借条不写息

李某与孙某商量借款 10 000 元，约定利息为年息 2%。出具借据时李某写到：今借到孙某现金 10 000 元。孙某考虑双方都是熟人，就没有坚持要求把利息写到借据上。后孙某以李某出具的借条起诉要求还本付息，人民法院审理后以《合同法》第 211 条“自然人之间的借款合同对支付利息没有约定或约定不明确的，视为不支付利息”的规定，驳回了孙某关于利息的诉讼请求。

2. 欠条

欠条是欠物、欠款的个人或单位写给对方作为约期归还的一种凭据。

欠条通常适用于下列两种情况：一是已归还或缴交给对方部分钱、物，尚欠一定数量的钱、物，所以写下欠条；二是立据人过去曾借对方的钱、物，但由于某种原因一直未能归还，当时也未写下任何凭据，因此补写欠条，作为凭证。

欠条的写作格式及要求与借条相同。

例文三

欠条

由于所带现金不足，尚欠村委会农药费用壹佰元整，明日还清。

此据。

××村　张××

××××年××月××日

例文四

欠条

×年×月×日借尚××人民币叁佰元整，已还贰佰元整，尚欠壹佰元整，一个月内还清。特立此据。

赵××
××××年××月××日

3. 收条

收条是单位或个人收到钱、物时写给对方作为以后查对的一种条据。收条也是一种有法律效力的应用文。

收条写作格式及要求与借条相同。

例文五

收条

今收到红旗镇扶贫助困基金会资助我的生活费人民币贰仟元整。

此据。

××村村民　秦××
××××年××月××日

例文六

今收到

××公司赠与我村的方正7188型台式电脑壹台、SHP6型激光打印机壹台及电脑桌壹张。

××村村委会（盖章）
××××年××月××日

4. 领条

领条是单位或个人领取钱、物时写给对方作为凭证的一种条据。

领条在领取物款时经常使用，发放人据此报销账目，而领取者据此表示已如数领取。

领条的写作格式及要求与借条、收条相同。

例文七

领条

今领到村委会免费发给的《邓小平理论》肆本。

领取人：高××
××××年××月××日

例文八

今领到

红旗镇发给××村的化肥柒拾陆袋、农药肆拾陆瓶。

××村　领取人迟××
××××年××月××日

三、凭据写作的注意事项

1. 对外单位使用的凭据，要写单位全称。

2. 文字要简明，用语要确切。款项、物件的数字要清楚，一般要用汉字的壹、贰、叁、肆、伍、陆、柒、捌、玖、拾、佰、仟，不用汉字一、二、三、四、五、六、七、八、九、十、百、千或阿拉伯数字。数字如有涂改，要加盖印章或重写一份。

3. 署名应是亲笔签写的真实姓名。更加慎重、严谨的做法是姓名前要写单位或住址，签名之后还要加盖图章或按上指印。

4. 书写凭据时，要用蓝黑墨水、碳素墨水的钢笔或签字笔，不要用铅笔、红水笔等易退色的笔墨。

5. 字迹要端正、清楚，不潦草，以防歧义或误认。

6. 日期要具体，不要写“即日”之类。

练　　习

一、简答题

把下列阿拉伯数字改写成汉字大写。

1. 69　　2. 236
3. 9378　　4. 108293
5. 5837201　　6. ￥168 702

二、写作题

四川汶川大地震发生后，各地纷纷捐款捐物。今收到红旗镇村民捐赠的5 680元救灾款、棉衣物50件，请你代汶川抗灾指挥部办公室打一个收条。

三、改错题

指出下列凭据中的错误并加以改正。

今收到

我村年底困难户补助300元。

领取人：陈××

××月××日

第二节 合 同

一、合同的概念

合同是当事人双方（或多方）为实现一定的经济目的，明确相互权利义务关系的协议。

二、合同的作用

1. 保护合同当事人的合法权益

比如租赁合同，供方必须保证质量，需方的权益才有保障；需方必须按价按时付款，供方的权益才能得到保障。当事人一方违反合同，要向对方支付违约金，如果由于违约已给对方造成损失，还应进行赔偿。因违法行为造成重大事故或严重损失的直接责任者，还要被追究经济、行政直至刑事责任。

小资料

合同的法律约束力

1. 自成立起，合同当事人都要接受合同的约束。

2. 如果情况发生变化，需要变更或解除合同时，应协商解决，任何一方不得擅自变更或解除合同。

3. 除不可抗力等法律规定的情况以外，当事人不履行合同义务或履行合同义务不符合约定的，应承担违约责任。

4. 合同书是一种法律文书，在当事人发生合同纠纷时，合同书就是解决纠纷的根据。

2. 维护社会经济秩序

经济交往必须贯彻平等、诚实、守信的原则，不能以大压小、以强凌弱，更不能搞假冒伪劣、蒙骗欺诈。违背这些原则，社会经济秩序就会混乱，给国家、集体和个人造成损失。而合同正是按照上述原则签订的，违背这些原则的合同为无效合同。

3. 促进当事人提高经济和社会效益

当事人要想扩大市场、签订足够的合同，就得提高质量和信誉；合同一经确立，当事人就得不折不扣地履行，如有违反就要承担责任，支付违约金以至赔偿金。这样，合同就成为当事人加强经济核算、提高产品质量、创造更好的经济和社会效益的动力和压力。

三、农村常用合同的种类

合同按不同的标准划分，有不同的种类。按履行期限分，有长期合同、中期合同、短期合同。按内容性质分，主要有租赁合同、买卖合同、承包合同、土地流转合同、房屋赠予合同等。

四、合同的写作方法

1. 合同首部

（1）标题。一般由合同的内容和文种名称构成，如“土地租赁合同”。也可直接以合同的种类名称作为标题，如“买卖合同”。标题通常写在合同首页上方居中的位置。

（2）订立合同双方名称及代称。在标题的左下方，分行并列写明签订合同的当事人名称及法定代表人或自然人姓名。代称一般用“甲方”和“乙方”，可在名称前面注明，也可在名称后面加括号注明。也可根据合同种类用“买方、卖方”“供方、需方”等作为代称。

2. 合同正文

正文通常由开头、主体、结尾组成。

（1）开头。简要说明签订合同的目的或依据，以引出下文。依据法律及实际情况，多数合同只要求写出签订合同的目的即可。一般表述为“根据……”“××方与××方……为明确双方责任，经充分协商，特订立本合同，以资共同遵守。”

（2）主体。一般包括以下内容：

1）标的。标的是指合同中权利和义务所指对象，包括货物、劳务、智力成果等，如土地租赁合同中的土地、房屋租赁合同中的房屋、鱼塘承包合同中的鱼塘都是合同的标的。

2）数量和质量。数量是标的的具体化，体现了合同双方权利、义务的大小程度，要明确规定标的数量、计量单位和计量方法；质量表明标的特征和优劣程度，是标的内在质量和外在质量的综合指标。

3）价款和酬金。价款和酬金是标的的价值，即取得对方产品、接受对方劳务所支付的价款，它以货币数量单位来表示，要标明支付的货币名称、数额、计算标准、结算方式、支付时间、方式等。

4）履行合同的期限、地点和方式。履行期限指合同当事人完成合同所规定的各自义务的时间期限。地点指合同当事人履行合同义务的具体地点，如交货地、施工地等。方式指合同当事人履行义务的方法，一般包括标的交付方式、价款或报酬结算方式，以及运输方式、计量方式、验收方式等。

5）违约责任。违约责任指合同当事人一方或双方因过错造成合同不能履行或不能完全履行时所承担的经济和法律责任。违约责任是合同中不可缺少的最重要的部分，是履行合同的重要保证，是出现矛盾分歧时解决合同纠纷的可靠依据。要写明制裁措施及违约金、赔偿金的数额等。

（3）结尾。一般包括五项内容：

1）合同的有效期。

2）条款未尽事宜的处理办法。

3）合同份数和保存方法。

4）合同的附件（表格、图纸、资料、实样等）。

5）落款。在正文的下方写明双方单位的全称及双方法定代表姓名并签名盖章。此外还要写上各签约单位详细地址、电话号码、邮政编码、开户银行及账号等。有的合同还写上鉴证机关。最后在右下方写明合同签订的日期。

例文一

农村土地租赁合同

村（ ）农包字第 号

发包方：

租赁方：

根据《中华人民共和国农村土地租赁法》《山东省实施〈华人民共和国农村土地租赁法〉办法》等法律法规的规定，为适应农村经济发展的需要，发包方将村集体有所有权的耕地租赁给租赁方种植经营。为明确双方的权利和义务，经双方协商一致，签订合同如下：

1. 租赁地名： 面积： 界止：

2. 租赁形式：家庭租赁外其他方式租赁

3. 租赁期限：××××年××月××日起至××××年××月××日止（×年）。（双方约定不得超过3年）

4. 上交租赁款：共计人民币（大写）××××元。交款方式及时间：

5. 发包方的权利与义务：

（1）发包方有权监督租赁方按合同约定履行合同。

（2）发包方有权监督租赁方合法使用租赁土地。

（3）发包方有义务维护租赁者的合法权益。

(4) 创造条件，尽可能为租赁方提供生产经营服务。

6. 租赁方的权利与义务：

(1) 租赁方有经营自主权。

(2) 租赁方有权享受发包方提供的各项服务。

(3) 租赁方必须按合同约定上交租赁款。

(4) 租赁方未经发包方书面允许不得在租赁地内种植林木，不得搭建任何建筑物，不得擅自取土或改变地貌，只允许种植庄稼，严禁将租赁地用于违法经营。

(5) 租赁方在租赁期间，如遇意外，其继承人可以继续租赁，直至合同期满。

7. 在合同租赁期内，如遇租赁范围土地被征用或村集体规划使用，租赁方必须服从。征用后，租赁方只享受地面附着物赔偿费及青苗补偿费。其他待遇归发包方。

8. 违约责任：如一方违约，应向对方支付违约金××××元（大写）。如租赁方违反合同约定或违法使用土地，发包方一经发现可单方终止合同，收回发包土地并不退还租赁方的租赁费。

9. 其他未尽事宜，双方另行协商。

10. 本合同一式三份，发包方和租赁方各执一份，报市中街道办事处租赁合同管理机关备案一份。

11. 本合同自签订之日起生效。

发包方（盖公章）：

法人代表（盖章）：

租赁方（盖公章）：

法人代表（盖章）：

签订日期：××××年××月××日

例文二

买卖合同

供方：……………………

需方：……………………

合同编号：

供需双方本着平等互利、协商一致的原则签订本合同，以资双方信守执行。

第一条 商品名称、种类、规格、单位、数量

品名	种类	规格	单位	数量	备注

第二条　商品质量标准

商品质量标准可选择下列第__________________项作标准。

（一）附商品样本，作为合同附件。

（二）商品质量，按照__________________标准执行。（副品不得超过______%）。

（三）商品质量由双方议定。

第三条　商品单价及合同总金额

（一）商品定价，供需双方同意按__________________定价执行。如因原料、材料、生产条件发生变化，需变动价格时，应经供需双方协商。否则，造成损失由违约方承担经济责任。

（二）单价和合同总金额：__________________。

第四条　包装方式及包装品处理

__________________。（按照各种商品的不同，规定各种包装方式、包装材料及规格。包装品以随货出售为原则；凡须退还对方的包装品，应按铁路规定，订明回空方法及时间，或另作规定）

第五条　交货方式

（一）交货时间：__________________。

（二）交货地点：__________________。

（三）运输方式：__________________。

第六条　验收方法

__________________。（按照交货地点与时间，根据不同商品种类，规定验收的处理方法）

第七条　预付货款

__________________。（根据不同商品，决定是否预付货款及金额）

第八条　付款日期及结算方式

__________________。

第九条　运输及保险

__________________。（根据实际情况，需要委托对方代办运输手续者，应于合同中订明。为保证货物途中的安全，代办运输单位应根据具体情况代为投保运输险）

第十条　运输费用负担

__________________。

第十一条　违约责任

（一）需方延付货款或付款后供方无货，给对方造成损失，应偿付对方此批货款总价__________%的违约金。

（二）供方如提前或延期交货或交货不足数量，供方偿付需方此批货款总值________%的违约金。需方如不按交货期限收货或拒收合格商品，亦应偿付供方此批货款总值______%

的违约金。任意一方如提出增减合同数量、变动交货时间，应提前通知对方，征得同意，否则应承担经济责任。

（三）供方所发货品有不合规格、质量不符或霉烂等情况，需方有权拒绝付款（如已付款，应订明退款办法），但须先行办理收货手续，并代为保管和立即通知供方，因此所发生的一切费用损失，由供方负责，如经供方要求代为处理，并须负责迅速处理，以免造成更大损失，其处理方法由双方协商决定。

（四）约定的违约金，视为违约的损失赔偿。双方没有约定违约金或者预先约定赔偿额的计算方法，损失赔偿额应当相当于违约所造成的损失，包括合同履行后可以获得的利益，但不得超过违反合同一方订立合同时应当预见到的因违反合同可能造成的损失。

第十二条　当事人一方因不可抗力不能履行合同时，应当及时通知对方，并在合理期限内提供有关机构出具的证明，可以全部或部分免除当事人的责任。

第十三条　本合同在执行中发生纠纷，签订合同双方不能协商解决时，可向人民法院提出诉讼（或申请________________仲裁机构仲裁解决）。

第十四条　合同执行期间，如因故不能履行或需要修改，必须经双方同意，并互相换文或另订合同，方为有效。

第十五条　本合同一式两份，供需双方各执一份。

第十六条　本合同自双方代表签字并加盖双方公章之日起生效，至合同期满后终止。

需方：____________（盖章）　　供方：____________（盖章）

法定代表人：________（盖章）　　法定代表人：________（盖章）

开户银行及账号：_________　　开户银行及账号：_________

______年____月____日

例文三

鱼塘承包合同

甲方(发包方)：________

现地址：________

乙方（承包方)：________

现住址：________

身份证号码：________

为了落实联产承包责任制，充分调动生产积极性，提高经济效益，甲方经研究决定将鱼塘进行招标承包，乙方参加竞投中标。现经甲乙双方协商一致，订立合同条款如下：

第一条　乙方承包鱼塘的名称：________，鱼塘面积：________。

第二条　承包期限______年_____月，即从______年______月______日起至______年____月____日止。

第三条　承包金额和缴交方法：鱼塘承包总金额为______万______仟______佰______拾______元______角______分。鱼塘每年承包金额为______万______仟______佰______拾______元______角______分，每年的承包金应于当年______月______日前一次性缴交完毕。

第四条　在承包期内，乙方所承包的鱼塘需要用电必须服从电管站的管理，并按照甲方指定地方装上电表和漏电开关才能用电，一切费用由______方负责。电费由乙方负责。

第五条　甲方提供鱼塘给乙方承包经营，乙方必须按规定养殖水产物，不允许随意改变用途和破坏鱼塘，期满后按原貌交还给甲方（包括塘基修复）。

乙方养鱼、新放鱼苗、看管鱼塘（或河道、水库、湖面）的费用，均由乙方自理。

乙方在捕捞鱼时，严禁使用电鱼、毒鱼、炸鱼等危险方法。

第六条　在承包期内，乙方经甲方同意需在塘基建设建筑物或种植农作物，期满后应拆除搬迁或停止耕作，若新承包者愿意受让，可继续保留，但绝不允许前者保留使用，否则甲方有权雇请民工强制拆除，所需一切费用，仍要乙方支付。

第七条　在承包期内，因国家建设或者乡镇需要征用土地时，甲乙双方应无条件服从，本合同同时解除。征地单位按征用土地的有关规定予以补偿，有关青苗补偿费归乙方，土地补偿费和其他补偿费归甲方。

第八条　养鱼与农业用水发生矛盾时，甲方必须保证乙方用水最低水位线不低于____米。

乙方需要排水或抽水时，甲方应及时提供抽水机给乙方使用。

如发生偷鱼、毒鱼、炸鱼等情况，甲方应积极协助乙方处理。

甲方有权督促乙方完成合同规定的义务。

第九条　乙方在承包期间有下列情形之一，甲方有权解除合同，并无偿收回发包的鱼塘：

1. 乙方擅自将承包的鱼塘转让、转租、转包、转借，或者以合作、联营为名，实质是改变承包经营者（若遇特殊情况经甲方批准并办妥手续者除外）；

2. 乙方丢荒、丢耕或未经甲方同意擅自改变承包鱼塘的用途和进行破坏性、掠夺性经营，经甲方劝阻无效，造成地力、生产力下降；

3. 乙方利用承包鱼塘进行非法活动，损害公共利益；

4. 乙方拖欠承包款（包括部分拖欠）达______天；

5. 法律、法规规定其他有关解除合同的情形。

第十条　风险责任：乙方在承包期间所发生的一切生产经营费用（包括生产事故、购买保险金和一切事故及灾害造成的损失），债权和债务均由乙方负责。有关农业税、水产税、特产税均由______方负责，与______方无关。承包款仍按承包合同规定缴交。由于不可抗力的特大自然灾害造成乙方不能继续履行合同，乙方应及时将不可抗力的事故以书面形式通知甲方，由甲乙双方协商解决。

第十一条　本合同实行抵押承包的原则，在签订合同时，乙方必须在______天内按鱼塘承包款总额______%作为承包押金给甲方，即押金金额为______万______仟______佰______拾______元______角______分，作为履约的保证。承包合同期满，若乙方能履行合同，则甲方应退还抵押金给乙方。

第十二条　违约责任：

1. 甲方未经乙方同意提前解除合同，视为违约，甲方应双倍返还乙方承包押金______万______仟______佰______拾______元______角______分。

2. 乙方若中途退包，提前解除合同，视为违约，甲方将没收乙方缴交的承包押金______万______仟______佰______拾______元______角______分。

3. 乙方逾期缴交承包款，须向甲方支付违约金，每逾期一日，按拖欠承包款总额每日______%计付违约金，若拖欠承包款（包括部分拖欠）达______天，甲方有权解除合同，没收乙方缴交的承包押金，并无偿收回发包的鱼塘。

第十三条　纠纷的处理办法：______。

第十四条　本合同经甲乙双方签字或盖章并经______鉴证后生效。本合同一式四份，甲乙双方各执一份，会计入账一份，合同鉴证机关一份。

第十五条　其他条款：____________

甲方（公章）：____________　　乙方（签章）：__________

____________年____月____日　　____________年____月____日

签订地点：______________　　签订地点：______________

例文四

土地流转合同

订立合同双方：

甲方（出让方）：

地址：

乙方（受让方）：

地址：

为了规范农村土地承包经营权流转，稳定农村土地承包关系，切实维护土地流转双方的合法权益，根据《中华人民共和国农村土地承包法》和有关政策、法规的规定，本着自愿互利、公正平等的原则，经甲乙双方协商，订立如下土地承包经营权流转合同。

一、土地承包经营权流转方式

甲方采用__________方式将其承包经营的土地流转给乙方经营。

二、流转土地用途

乙方不得改变流转土地用途，用于非农生产，合同双方约定__________。

三、土地承包经营权流转的期限和起止日期

合同双方约定，土地承包经营权流转期限为×年，从××××年××月××日起，至××××年××月××日止。

四、流转土地的种类、位置、面积、等级

甲方将承包的耕地（荒地、林地及其他土地）__________亩流转给乙方，该土地位于__________。其中一等地面积__________，二等地面积__________……（可具体列表说明）。

五、流转价款及支付方式、时间

合同双方约定，土地流转费用现金（实物）支付。乙方每年__________时间（或一次性）支付甲方__________元/平方米，（或实物__________千克/平方米），合计××××元。流转土地的农业税费由______方承担。

六、甲方的权利和义务

1. 权利。按照合同规定收取土地流转费，按照合同约定的期限收回流转的土地。

2. 义务。协助乙方按合同行使土地经营权，帮助调解本社区和其他承包户之间发生的用水、用电等方面的纠纷，不得干预乙方正常的生产经营活动。

七、乙方的权利和义务

1. 权利。在受让的土地上具有生产经营权。

2. 义务。在国家法律、法规和政策允许范围内，从事生产经营活动，按照合同规定按时足额缴纳土地流转费，对流转土地不得擅自改变用途，不得使其荒芜，对流转的耕地（荒地、林地等）进行有效保护，不能依法保护造成损失，乙方自行承担责任。

八、合同的变更和解除

有下列情况之一，本合同可以变更或解除。

1. 经当事人双方协商一致，又不损害国家、集体和个人利益；

2. 订立合同所依据的国家政策发生重大调整和变化；

3. 一方违约，使合同无法履行；

4. 乙方丧失经营能力使合同不能履行；

5. 因不可抗力使合同无法履行。

九、违约责任

1. 甲方非法干预乙方生产经营，擅自变更或解除合同，给乙方造成损失，由甲方赔偿乙方损失。

2. 乙方违背合同规定给甲方造成损失，由乙方承担赔偿责任。

3. 乙方有下列情况之一，甲方有权收回土地经营权：①不按合同规定用途使用土地；②荒芜土地、破坏地上附着物；③不按时缴纳土地流转费。

十、合同纠纷的解决方式

甲乙双方因履行流转合同发生纠纷，先由双方协商解决，协商不成由乡（镇）农业经营管理部门调解，不同意调解或调解无效，双方协商向上级农业承包合同管理部门申请仲裁。不服仲裁决定，可在收到裁决书之日起30日内向有管辖权的人民法院起诉。

十一、其他约定事项

本合同一式四份，甲方、乙方及原发包方各一份，乡镇农业承包合同管理部门留存一份。自甲乙双方签字或盖章之日起生效。如果是转让合同，应以原发包方同意之日起生效。

合同甲方、乙方约定的其他事项＿＿＿＿＿＿＿。

本合同未尽事宜，由甲乙双方共同协商，达成一致意见，形成书面补充协议。补充协议与本合同具有同等法律效力。

甲方（出让方）签字：　　　　　　　　年　　月　　日

乙方（受让方）签字：　　　　　　　　年　　月　　日

[**点评**]

以上四个例文内容详尽，合同的标的，数量和质量，价款和酬金，履行合同的期限、地点和方式，违约责任，合同的有效期，条款未尽事宜的处理办法，合同份数和保存方法，落款等内容均无漏洞，具有法律约束力。

五、合同写作的注意事项

1. 格式要规范

撰写合同时，一定要按规范的文本格式和要求进行。撰写合同，要严肃认真，不得随意涂改。合同如有错误或遇到特殊情况确需要修改时，应将双方同意的意见作为附件附上。如在原件上修改，应加盖双方印章。

2. 条款要完备

合同内容只有明确、具体，各项条款尽可能完备，才能有效保护自己，合理规避风险。合同条款漏洞百出就失去了签订合同的意义。

3. 文字要精确

为避免在履行合同中产生不必要的纠纷，合同的语言必须明白无误、准确严密，没有任何歧义，决不能有模棱两可或含糊不清的话语出现。同时还要注意正确使用标点符号，防止句号、逗号用错或点错造成不必要的纷争或损失。

知识链接——常用标点符号的使用

1. 顿号〔、〕

表示句子内部并列词语之间的停顿。顿号表示的停顿比逗号小，一般用来隔开并列的词或者并列短语。并列的词之间用了“和”“或”之类连词，就不再使用顿号。顿号与“和”的作用是一致的。多个词语并列先用顿号，最后一个用“和”。如果并列词语结合得很紧，没有必要在行文中用停顿来突出它，则可以不加顿号。

顿号运用方面常见错误：

张三，李四，赵五经常到阅览室学习。（两个逗号应改为顿号）

第一中学的校长、主任、第三中学的校长、主任都来开会了。(此句混淆了并列词语的大小层次。第二个顿号应改为逗号)

亚马孙河、尼罗河、密西西比河、和长江是世界四大河流。(此句用了“和”，前面的顿号应该删去)

2. 逗号〔,〕

表示句子内部的一般性停顿。其主要用法有：

(1) 用在较长的主语后面。如：这个演员表上排列在最后一名的小角色，却赢得了观众最热烈的掌声。

(2) 用在需要强调的简短主语后面。如：北京，祖国的首都。

(3) 用在句首状语的后面。如：在一个明媚的早晨，他登上了去石家庄的列车。

(4) 用在较长的宾语前面。如：我不得不承认，他的实力比我强得多。

(5) 用在插入语前后。如：我来北京，往少里说也有十几次了。

(6) 某些句中关联词后面有时也用逗号。这往往是出于强调的需要，一般情况下是不必停顿的。如：劳动很艰苦，可是，我们根本不怕。

(7) 用在复句内部的分句间。如：层层的叶子中间，零星地点缀些白花，有袅娜地开着的，有羞涩地打着朵儿的。

(8) 用在次序语后面。如：第一，时间紧，任务重，我们必须加劲儿干；第二，我们一定要注意安全。

(9) 用在倒装句中间。如：多么美丽，这一朵朵鲜花。

3. 分号〔;〕

表示一句话里并列分句之间的停顿。只有一重关系的复句，分句间一般用逗号，不用分号。

(1) 如果分句内部已用了逗号，分句之间必须用分号。如：白天，战士们坚守着已得的阵地；夜里，战士们向敌人发起新的攻击。

(2) 在多重复句内，并列分句之间必用分号。如：依照客观规律去办事，国民经济就能够均衡地、顺利地发展；违反这些原则，国民经济的发展速度就快不起来。

(3) 并列的分句出于分清结构和突出重点的需要，即使分句内部没有逗号，分句之间也可用分号。非并列关系(如转折关系、因果关系等)的多重复句，第一层的分界处也用分号。如：这正如地上的路；其实地上本没有路，走的人多了，也便成了路。

(4) 分项列举的各项之间，也用分号。

4. 句号〔。〕

句号还有一种形式，即一个小圆点“.”，一般在科技文献中使用。陈述句末尾的停顿，用句号。语气舒缓的祈使句末尾，也用句号。如：

(1) 北京是中华人民共和国的首都。

(2) 虚心使人进步，骄傲使人落后。

(3) 亚洲地域广阔，跨寒、温、热三带，又因各地地形和距离海洋远近不同，气候复杂多样。

(4) 请您稍等一下。

练　习

一、简答题

1. 什么是合同？农村常用合同的种类有哪些？

2. 合同的具体内容部分要写明什么？

二、写作题

请根据下面的材料写一份购销合同。

大丰果品商店的代表杜云光同志，于20××年××月××日与光明园艺场的代表肖鹏同志订了一份合同。双方通过协商决定：大丰果品商店购买光明园艺场生产的水蜜桃8 000千克、鸭梨10 000千克和香蕉苹果15 000千克。要求每种水果在八成熟采摘后，一星期内分3批交货，由光明园艺场负责以柳筐包装并及时运到大丰果品商店；其包装筐费和运输费均由大丰果品商店负担。各类水果的价格视质量好坏，按国家规定的当地收购牌价折算，货款在每批水果交货当日通过银行托付。如因突然的自然灾害不能如数交货，光明园艺场应及时通知大丰果品商店，并互相协商修订合同。在正常情况下，如果大丰果品商店拒绝收购，应处以拒收部分价款20%的违约金；光明园艺场交货量不足，应处以不足部分价款30%的违约金。这份合同缮写四份，双方各执一份，各自的上级单位备案一份。

提示：1. 购买各类水果，可列表表示如下：

产品名称	品种规格	计量单位	数量	单价	总额	备注
合计人民币金额（大写）：						

2. 本合同各条款项目顺序为：一、产品名称、品种规格、数量；二、交货日期；三、质量要求；四、验收办法；五、交货方法及包装运输方式和费用负担；六、结算方式及期限；七、违约责任；八、其他约定事项。

三、改错题

请修改下面的合同，并总结在签订合同时应注意哪些问题。

合同

立订合同　××省××县××供销社（我方）
　　　　　××省××县日杂公司（你方）

兹因我方向你方购下列货物，经双方协商立本契约如下：

品名	规格	数量	单位	单价	金额
菟丝子	身干无霉变	30	吨	1 840.00	55 200.00
货款计人民币（大写）：伍万伍仟贰佰元					

交货地点：××县日杂公司仓库。

交货办法：乙方仓库当面验收过秤交货。

交货期限：12 月 30 日前交货。

交货办法：12 月 30 日先付乙方货款伍千元，余款在货物起运后办理托收。如有拒付，按总金额罚款 10%。

附注：

一、本契约一式两份，双方各执一份，存查。

二、乙方为甲方交货 30 吨，数量可以增减。

三、任何一方违约，付尚未执行部分总产值 1%的违约金。

四、如遇特殊情况，需由双方协议，商定解决办法。

2005 年 12 月 15 日

第三节　协　议　书

一、协议书的概念

协议是协作的双方或数方，为保障各自的合法权益，经双方或数方共同协商达成一致意见后签订的书面材料。协议书是契约文书的一种，是当事人双方或数方为了解决或预防纠纷，或确立某种法律关系，实现一定的共同利益、愿望，经过协商而达成一致后签署的具有法律效力的记录性应用文。

协议书的使用范围很广泛，适用于政治领域、经济领域、科技领域、文化领域等。

二、协议书的作用

订立协议书，目的是为了更好地从制度上乃至法律上，把双方协议所承担的责任固定下来。作为一种能够明确彼此权利与义务、具有约束力的凭证性文书，协议书对当事人双方或数方都具有制约性，能监督双方信守诺言、约束轻率反悔行为，它的作用与合同基本相同。

三、农村常用协议书的种类

农村常用的协议书有债权协议书、转让协议书、出让协议书等。

四、协议书的写作方法

1. 首部

（1）标题。要将内容和文种名写完整，如“债权弃权协议书”或“土地转让协议书”。

（2）写明双方或数方各自的姓名及相关情况，同时还要注明他们相互之间的关系。

2. 正文

协议书的写法与合同基本类似，请参照本章第二节合同的写法。

3. 尾部

立约人、见证人分别签字、盖章，并注明立约的时间。由律师代为书写的，还应注明律师姓名及所在律师事务所的名称。律师代书并担任见证人的，应写明见证人身份。

例文一

土地转让协议书

甲方：____________________

乙方：____________________

丙方：____________________

经各方友好协商，本着平等、自愿、有偿、诚实信用原则，就土地转让事宜达成协议如下：

一、地块概况

1. 该地块位于____________________，土地面积为____________________平方米（折____________________亩）。宗地四至及界址点坐标详见附件国有土地使用证。

2. 现该地块的用途为住宅、工业、综合和商业用地。

二、转让方式

1. 甲方保证通过土地挂牌形式把该地块转让给乙方，并确保该地块的容积率大于等于__________________，绿化率不少于__________________%，土地用途为商业、住宅用地。

2. 土地的转让价为____________________万元/平方米［包括级差地租、市政配套费、开发补偿费、建筑物和构筑物的拆迁安置费、青苗补偿费、空中或地下的管线（水、电、通信等）迁移费和土地管理费]，转让总价为人民币＿＿＿＿＿＿＿＿万元。

3. 乙方同意按以下时间和金额分两期向甲方支付土地价款：第一期，定金，地价款的＿＿＿＿＿＿＿＿%，计人民币＿＿＿＿＿＿＿＿万元，付款时间及条件：双方签订协议书，且已办好土地挂牌手续并在本条第四款规定的抵押登记手续办妥后＿＿＿＿＿＿＿＿天内支付；第二期，付清余款，计人民币＿＿＿＿＿＿＿＿万元，付款时间及条件：在乙方签订国有土地使用权出让协议，取得该土地的国有土地使用证后＿＿＿＿个工作日内支付。

4. 为保证前款第一期地价款的及时支付，丙方同意提供两宗土地的国有土地使用权作为抵押担保，抵押的土地使用权面积为＿＿＿＿＿＿＿＿平方米[详见成国用（　　）字第＿＿＿＿＿号和成国用（　　）字第＿＿＿＿＿号]，抵押担保的范围与甲方承担的责任的范围相同。双方同意在本协议签订后＿＿＿＿天内到当地土地管理部门办理抵押登记手续，抵押期限至乙方取得＿＿＿＿＿镇＿＿＿＿＿平方米土地的国有土地使用证之日止。

5. 该项目由乙方独立运作，盈亏自负。甲方愿意帮助乙方解决有关税费返还及政策协调。项目开发结束并经审计后，项目净利润率超过＿＿＿＿＿%的，超过部分净利润乙方同意与甲方五五分成。

三、违约责任

1. 甲方诚邀乙方参与其＿＿＿＿平方米土地的公开挂牌处理事宜，并承诺创造条件让乙方取得该块土地，若乙方未能取得该地块，甲方愿意双倍返还定金，计＿＿＿＿万元，甲方应在确认乙方不能取得该地块的土地使用权之日起＿＿＿＿个工作日内支付此款。

2. 乙方未能按时支付地价款，应以每日未付部分的万分之＿＿＿点作滞纳金支付给甲方。如未能按叫付款超过＿＿＿个工作日，视同终止履行本协议，并有权处置已付定金。

3. 甲方应对乙方承担连带责任。

四、其他

1. 在挂牌出让过程中，乙方仅承担应由受让方承担的土地契税和交易费用，其他有关营业税等均由甲方承担。

2. 乙方的开发建设应依法律、法规和规定办理有关手续。

3. 本协议未尽事宜，须经各方协商解决，并签订相应的补充协议，补充协议与本协议具有同等法律效力。

4. 本协议在执行过程中发生矛盾、争议，经协商无效时，提请法院裁决。

5. 本协议经各方代表签字盖章后生效。

6. 本协议一式六份，三方各执两份。

甲方（盖章）：＿＿＿＿＿＿＿＿＿＿

代表：＿＿＿＿＿＿＿＿＿＿

时间：＿＿＿＿＿年＿＿＿月＿＿＿日

乙方（盖章）：＿＿＿＿＿＿＿＿＿＿

代表：____________________

时间：__________年____月____日

丙方（盖章）：____________________

代表：____________________

时间：__________年____月____日

例文二

果园出让协议书

为了搞好经济合作，甲方将____________果园出让给乙方，为明确有关事项，特订立本协议。

甲方（出让方）：____________果园

合伙人：____________　　　　身份证号：________________________

家庭地址：____________________

合伙人：____________　　　　身份证号：________________________

家庭地址：____________________

乙方（受让方）：____________________公司

法人：____________　　　　身份证号：________________________

家庭住址：____________________

一、协议标的物

1. ____________果园。

2. 已取得果园许可证的（证号：______________________）果树权。

3. ____________果园范围内的果树所有权：（果园面积 16 平方千米）。

4. 营业执照的变更。

5. 甲乙双方约定的其他事项。

二、协议价款

协议总价款为人民币捌仟玖佰万元整。

三、付款办法

1. 协议总价款人民币捌仟玖佰万元整分三期支付。

2. 本协议双方签字后 3 日内，乙方向双方指定的账户存入人民币柒佰万元（含原已交拾万元订金）。待移交手续办理后甲方方可使用首付资金。

3. 首付资金到达指定账户后，甲方即应及时办理营业执照及相关手续的变更。变更内容以乙方指定的内容为原则。

4. 一旦营业执照及相关手续变更完毕，同时并移交相关的证件和资料（包括税务证、地质报告、可行性研究报告、环评报告、水土保持方案等图纸资料，包括报批及批复、公章和地方签署的协议及资料等）给乙方，乙方应在3日内支付陆仟万元人民币给甲方。

5. 余款自办理移交手续之日起6个月内付清。

四、甲方责任和义务

1. 甲方向乙方提供的证件、资料、文书等必须真实、合法、有效。

2. 果园所属权未进行任何抵押担保等。

3. 甲方承诺转让的果园资源、所属权及有关证件已向有关部门缴纳了法定足额的费用，若欠交由甲方负责。

4. 保证移交资料界定的果园范围与实际相符。

5. 积极协助乙方办理好农用土地、供水、供电、果园道路、果园排污、税务等手续并协调好地方关系。

五、乙方的责任和义务

1. 乙方按协议约定条款向甲方支付协议总价款。

2. 积极协助甲方办理有关手续。

六、债权、债务的处理

1. 原____________果园债权、债务由甲方承担，与乙方无关，因甲方债权、债务等原因影响乙方正常生产经营，所造成的损失由甲方负责赔偿。

2. 本协议签订后，乙方经营所发生的债权、债务由乙方负担。

七、证照变更的费用负担

1. 营业执照变更费用由甲方负担。

2. 出让手续移交后乙方依据自身的要求作其他项目的变更，所产生的费用由乙方自理。

3. 出让所产生的所有税费按国家有关规定各自承担。

八、违约责任

1. 甲乙双方本着诚信理解、友好合作、信守承诺的基本原则，严格履行本协议。如一方违约时，违约方应赔偿守约方因违约所造成的一切损失。

2. 甲方提供的证件、资料必须真实合法有效，保证乙方能正常生产经营，否则给乙方造成经济损失，甲方以出让金和个人资产负责赔偿。

3. 甲乙双方如在履行本协议过程中发生争议，原则上应本着友好协商原则解决。如协商不成，应申请协议签订地____________市中院调解和判决或申请乙方所在地____________市中院调解和判决。

九、本协议未尽事宜，甲乙双方协商解决或另行签订补充协议。

十、本协议一式四份，甲乙双方各持贰份，具有同等法律效力。

十一、本协议一经双方代表签字后生效。

甲方单位盖章：

代表签字：

日期：

乙方单位盖章：

代表签字：

日期：

[点评]

协议和合同都具有法律约束力，例文一把转让的土地的概况、转让方式、价格、付款方式、违约责任、发生争议解决方法写得详尽具体，避免在发生争议时存在歧义；例文二把双方的责任和义务表述清晰，明确了双方应尽的职责。

五、合同与协议书的关系

《合同法》第2条规定：合同是平等主体之间设立、变更、终止民事权利义务关系的协议。从这一概念中可以看出，合同是具有特定内容的协议，即所有的合同都是协议书，但并非所有的协议书都是合同。协议书与合同的区别主要有：

1. 合同有《合用法》作为依据，协议书暂时没有具体法规规定。

2. 协议书比合同应用范围广，协议书项目往往比合同项目要大，内容不如合同具体。因此，签订协议书以后，往往还要分项签订一些专门合同。

练　　习

一、简答题

1. 什么是协议书？农村常用的协议书种类有哪些？

2. 协议书的作用是什么？写作方法是什么？

二、写作题

收养人齐大明是送养人李兆男的堂兄，齐大明和韩淑英结婚后，一直没有子女。而李兆男、刘桂梅夫妇生有两男一女，且家境贫寒，经过双方协商，李、刘夫妇愿将他们的幼子李刚过继给齐、韩夫妇为养子，被收养人也表示愿意。

被收养人生父：李兆男，×省×县，××××年生人，农民，现住××村。

被收养人生母：刘桂梅，×省×县，××××年生人，农民，住址同上。

被收养人：李刚，×省×县，××××年生人，农民，住址同上。

收养人：齐大明，×省×县，××××年生人，农民，现住××村。

收养人：韩淑英，×省×县，××××年生人，农民，住址同上。

请根据以上提供的相关信息拟写一份收养协议书。

第六章　农村生产经营文书

学习目标：

◆掌握产品说明书的写作要求。

◆能按招标书、投标书、产品说明书的基本格式进行写作。

随着农村经济的发展，城乡一体化的加快，农村工作中涉及的经济活动越来越频繁，而由经济活动涉及的生产经营文书也越来越多，如何更好地利用生产经营文书促进农村经济的发展，是农村工作的一项挑战。因此，掌握生产经营文书的写作特点和要求对于农村的生活者和工作者来说，也显得尤为重要了。

本章着重讲述招标书、投标书、产品说明书的写作方法。

第一节　招标书

一、招标书的概念

招标书又称招标通告、招标通知、招标启事等，是一种告知性文件。招标书是招标人利用投标者之间的竞争达到优选买主或承包方的目的，从而利用和吸收各地甚至各国的优势于一家的商品交易行为所形成的书面文件，属于邀约的范畴。一般正式招标书都采用广告、通知、公告等形式发布。

二、招标书的写作方法

招标书一般由标题、正文、结尾三部分组成。

1. 标题

写在第一行的中间。常见写法有四种。一是由招标单位名称、招标内容和文种名构成，如“××技师学院建造一体化教学楼的招标通告”；二是由招标单位名称和文种名构成，如

“××集团招标书”；三是只写文种名称“招标书”；四是广告性标题，如“谁来承包×××化肥厂”。

2. 正文

正文由引言和主体部分组成。引言部分要求写清楚招标依据、原因。主体部分要翔实交代招标方式（公开招标、内部招标、邀请招标）、招标范围、招标程序、招标内容的具体要求，双方签订合同的原则，招标过程中的权利和义务、组织领导、其他注意事项等内容。

3. 结尾

结尾写明招标单位的名称、地址、电话、电报挂号、传真、电子信箱、邮政编码等。如果是两个以上单位联合招标，应将其各自的名称与联系方式等分别写上。落款的单位不一定和标题中的招标单位相一致，可以是招标单位的上级主管部门，也可以是某一承办单位。落款后另起一行署上招标说明书制作的年、月、日。最后加盖公章。

例文一

建筑安装工程招标书

为了提高建筑安装工程的建设速度，提高经济效益，经____________（建设主管部门）批准，____________（建设单位）对____________建筑安装工程的全部工程（或单位工程、专业工程）进行招标。

一、招标工程的准备条件

本工程的以下招标条件已经具备：

1. 本工程已列入国家（或部委，省、市、自治区）年度计划；

2. 已有经国家批准的设计单位出的施工图和概算；

3. 建设用地已经征用，障碍物全部拆迁；现场施工的水、电、路和通信条件已经落实；

4. 资金、材料、设备分配计划和协作配套条件均已分别落实，能够保证供应，使拟建工程能在预定的建设工期内连续施工；

5. 已有当地建设主管部门颁发的建筑许可证；

6. 本工程的标底已报建设主管部门和建设银行复核。

二、工程内容、范围、工程量、工期、地质勘察单位和工程设计单位：

____。

三、工程可供使用的场地、水、电、道路等情况：

____。

四、工程质量等级、技术要求、对工程材料和投标单位的特殊要求、工程验收标准：

____。

五、工程供料方式和主要材料价格、工程价款结算办法：

____。

六、组织投标单位进行工程现场勘察，招标文件交底的时间、地点：

____。

七、报名、投标日期，投标文件发送方式：

报名日期：××××年××月××日；

投标期限：××××年××月××日起至××××年××月××日止。

投标文件发送方式：

____。

八、开标、评标时间及方式，中标依据和通知：

开标时间：××××年××月××日（发出招标文件至开标日期，一般不得超过两个月）。

评标结束时间：××××年××月××日（从开标之日起至评标结束，一般不得超过一个月）。

开标、评标方式：建设单位邀请建设主管部门、建设银行和公证处（或工商行政管理部门）参加公开开标，审查证书，采取集体评议方式进行评标、定标工作。

中标依据和通知：本工程评定中标单位的依据是工程质量优良、工期适当、标价合理、社会信誉好，最低标价的投报单位不一定中标。所有投标企业的标价都高于标底时，如属标底计算错误，应按实予以调整；如标底无误，通过评标剔除不合理的部分，确定合理标价和中标企业。评定结束后五日内，招标单位通过邮寄（或专人送达）方式将中标通知书送发给中标单位，并与中标单位在一月（最多不超过两月）内签订__________建筑安装工程承包合同。

九、其他：

____。

本招标方承诺，本招标书一经发出，不得改变原定招标文件内容，否则，将赔偿由此给投标单位造成的损失。投标单位按照招标文件的要求，自费参加投标准备工作和投标，投标书（即标函）应按规定的格式填写，字迹必须清楚，必须加盖单位和代表人的印鉴。投标书必须密封，不得逾期寄达。投标书一经发出，不得以任何理由要求收回或更改。

在招标过程中发生争议，如双方自行协商不成，由负责招标管理工作的部门调解仲裁。对仲裁不服，可诉诸法院。

建设单位（即招标单位）：____________________

地址：____________________

联系人：____________________

电话：____________________

××××年××月××日

例文二

招标书

××市政府采购中心有一批计算机及其外设需采购，现实行竞争性谈判方式采购，诚邀贵单位参与竞标。

一、招标项目：计算机及其外设

二、标的清单及说明（见附件）

三、交货日期：由投标人报出最快的交货、安装日期

四、质量保证及售后服务承诺：

包括品质保证、使用寿命、质保期限、培训，服务措施、响应时间。

五、投标应知事项

1. 采购方式：竞争性谈判；

2. 此报价有效期 90 天；报价为送达××市区内，安装调试完毕后的含税价；

3. 投标截止时间：××××年××月××日上午 9：30 前，用信封密封，送达市政府采购中心；

4. 盖章生效；

5. 定标方式：综合评优；

6. 投标人需附营业执照（复印件加盖公章）、产品生产或销售代理证书、业绩简介、法人代表证明书或法人委托书、经办人身份证、产品介绍资料、质量体系认证证书、权威机构检测（验）报告；

7. 付款人：××市政府采购中心，付款方式：验收合格后一次性付清；

8. 投标人按标的清单报价，如有偏离，应作偏离说明。

招标人：××市政府采购中心

电　话：××××—×××××××

地　址：××市解放西路××号××大厦××楼

传　真：(××××) ××××××××

网　址：www. ××. com

联系人：万先生

附件

标的一

序号	品名	技术要求	参考品牌	数量	备注
1	台式机	参照联想 M5700C A64 3000＋ 17″ LCD (80S) 外挂软驱正版 XP 操作系统及杀毒软件	联想方正	28	

续表

序号	品名	技术要求	参考品牌	数量	备注
2	笔记本	参照联想天逸 200 D1.86G	联想 戴尔 方正	9	
3	网络交换机	满足 60 个接口的要求	华为	1	
4	激光打印机	参考惠普 1200	惠普	8	

标的二

序号	品名	技术要求	参考品牌	数量	备注
1	电话监控系统	8 路音控制 适时录音 计算机硬盘适时存储	不限	1	
2	台式机	P4 630（64）/512M/80G＋160G/17″LCD/集成显卡、网卡、声卡/DVD-RW/915/三年/小机型/音箱	戴尔	1	
3	工作站	P4 D820 双核/512M/80G＊2/17″LCD/集成网卡/声 卡/128M X300/DVD-RW/945GV/三年/小型机/音箱	戴尔 OptiPlexGX620	2	

［点评］

两篇例文内容都包括详细的招标内容、对投标方的要求和投标书的内容、时间、联系方式，有条有理，易于理解、把握，项目齐全，简明清晰。

知识链接——招标的程序和方式

招标是指由招标人发出招标公告或通知，邀请潜在的投标商投标，最后由招标人综合比较各投标人所提出的价格、质量、交货期限和该投标人的技术水平、财务状况等因素，确定其中最佳的投标人为中标人，并与之最终签订合同的过程。

1. 招标的程序

（1）成立招标、评标组织。

（2）编制招标文件，公示招标公告。

（3）投标者递交投标申请书，并购买招标文件。

（4）对投标者进行资格审查。

（5）统一组织投标咨询，组织投标者现场考察。

（6）投标者密封递交投标书。

（7）在预定时间内开标、评标，确定预中标者。

(8) 进一步调查核实，确定中标者，并发出中标通知书。

(9) 招标单位与中标者签订合同。

2. 招标的方式

(1) 公开招标。公开招标是指招标人以招标公告的方式邀请不特定的法人或者其他组织投标的招标方式。采用公开招标方式，招标人必须按照法定程序，在国家指定的传媒上发布招标公告，公开提供招标文件，让所有符合条件的投标人平等地参加竞争投标。招标人从中选择最恰当的合作伙伴，以尽可能小的代价，获取尽可能好的经济效益。

(2) 邀请招标。邀请招标是指招标人以投标邀请书的方式，邀请特定的法人或者其他组织投标的招标方式。

《招标投标法》第 11 条规定："国务院发展计划部门确定的国家重点项目和省、自治区、直辖市人民政府确定的地方重点项目不适宜公开招标的，经国务院发展计划部门或者省、自治区、直辖市人民政府批准，可以进行邀请招标。"

在招标方式上，邀请招标与公开招标的不同在于：一是邀请招标用发投标邀请书的方式来邀请投标，而公开招标则以公开发布招标公告的方式来邀请投标。二是邀请招标的对象是特定的，是经过选择的符合条件的潜在投标人；而公开招标的对象是不特定的，即所有符合条件的潜在投标人。

练　习

一、简答题

1. 请简述招标书的概念。
2. 招标书由几部分组成?

二、写作题

××乡需修建乡图书馆，向社会公开招标。请模仿例文二的形式代为写一份招标公告。

第二节　投　标　书

一、投标书的概念

投标书是指投标单位按照招标书的条件和要求，向招标单位提交的报价并填具标单的文书。它要求密封后邮寄或派专人送到招标单位，故又称标函。它是投标单位在充分领会招标文件，进行现场实地考察和调查的基础上所编制的投标文书，是对招标公告提出要求的响应和承诺，并同时提出具体的标价及有关事项来竞争中标。

二、投标书的写作方法

投标书有表格式、说明式和综合式等写法。一般由以下几个部分组成：

1. 标题

标题一般由投标方的名称、投标项目和文种组成，如“××公司承包××学院新校区工程投标书”；也可由投标方的名称与文种两部分组成，如“××建筑工程公司投标书”；更多的是用文种直接作标题，如“投标书”。

2. 招标单位名称

招标单位名称，即投标书的主送机关。要顶格书写招标单位的全称，与书信的称谓写法相同。

3. 正文

投标书的正文有的只需用简洁的文字直接表明态度，写明保证事项即可。有的也可根据需要介绍一下本单位的情况，或者写明其他应标条件及要求招标单位提供的配合条件等。必要时也可附上标价明细表。正文可分为前言、主体和结尾三部分。

（1）前言。前言又称引言，简明扼要地说明投标方的名称、投标的方针、目标以及中标后的承诺等内容，开宗明义，提纲挈领。

（2）主体。这是投标书的核心部分，要依照招标书的要求，认真细致地写好以下内容。

1）投标的具体指标。不同类型标的投标项目，需要写明的指标是不同的，若为大宗货物贸易投标，要写明投标方对应履行的责任义务所做出的承诺；若为建筑工程项目投标，要写明工程的总报价及对价格组成的分析、计划开工和竣工日期、主要材料指标、施工组织和进度安排、保证达到的工程质量标准，以及拟派出的项目负责人与主要技术人员的简历、业绩和拟用于完成招标项目的机械设备等；若为承包企业投标，要写明生产指标、税金指标、费用率、利润率、周转资金等项经济指标。

2）完成指标的措施。要写明为实现指标、完成任务的技术组织措施，这是具体指标和任务完成的保障。

3）投标书的有效期限。投标方将按招标文件的要求交纳银行担保书和履约保证金。

（3）结尾。通常以提出建议结束，即对招标单位提出予以支持和配合的要求等，也可说明对招标单位不一定接受最低价和可能接受任何投标书表示理解。

4. 附件

投标书一般都有附件。附件主要内容包括：投标报价表、货物清单、技术差异修订表、资格审查文件、开户银行出具的投标保证金保函、开户银行出具的履约保证金保函等。

5. 落款

投标书要写明投标单位的名称、地址、电话、电报挂号、传真、邮编等，以便招标单位与其联系。表格式投标书一般是由招标单位编制的，投标方只需按要求填具即可。

许多投标书都有封面，在封面上要填写招标单位名称、招标项目名称、投标单位名称和负责人姓名或法人代表姓名，在封面的右下角写明标书的投送日期。

三、投标书写作的注意事项

1. 提供投标书的份数多少应根据标的物大小、参加评标专家人数而定。

2. 投标有效期要保证到签约后 28～30 个工作日。

3. 国际招标必须要交纳投标保证金，国内招标因开保证金证明困难，而且保证金证明的信誉不好，尽量选投标保证金制度。

例文一

投标书

致：×××市政府采购中心

根据贵方××××项目的竞争性谈判邀请（采购编号：×××××××××），签字代表×××经正式授权并代表投标人×××提交下述文件正本 1 份、副本 1 份。

1. 投标书
2. 开标一览表
3. 开标分项一览表
4. 投标产品点对点应答表
5. 投标产品技术说明文件
6. 售后服务条款
7. 真诚投标承诺书
8. 电子招标承诺书
9. 投标资格要求证件

据此函，签字代表宣布同意如下：

1. 所附投标报价表中规定的应提供和交付的货物投标总价为：¥××××元（人民币），大写×××××××××。

2. 投标人将按照竞争性谈判文件的规定履行合同责任和义务。

3. 投标人已经详细审查全部竞争性谈判文件，包括修改书以及全部参考资料和所有附件。我们完全理解并认为本招标文件公平、公正，不存在倾向性内容。

4. 本项目自开标之日起有效期为 60 天。

5. 如果在规定的开标时间内，投标人在谈判有效期内撤回投标，其投标保证金将被采购代理机构没收。

6. 投标人同意提供按照采购代理机构可能要求的与其投标有关的一切数据或资料，完全理解采购代理机构不一定要接受最低价的投标或收到的任何投标。

7. 与本次谈判有关一切正式往来通信请寄：

地址：×××省××××市×××区×××号

邮政编码：××××××

电话：×××××××××

传真：×××××××××

投标人代表姓名/职务：×××××××××

投标人名称：×××

（公章）

日期：××××年××月××日

授权代表签字：×××

例文二

投标书
××省××公路项目××合同段（或××大桥）

致：（招标人全称）

1. 在研究了上述项目第××合同段（或××大桥）的招标文件（含补遗书第×号至第×号）和考察了工程现场后，我们愿意按人民币××××（大写）元的投标总价，或根据上述招标文件核实后确定的另一金额，遵照招标文件的要求承担本合同工程的实施、完成及其缺陷修复工作。

2. 第××合同段由K××+××至K××+××，长约××km，技术标准××级，××路面。有××立交××处；大中桥××座，计长××m，隧道××座，计长××m以及其他构造物工程等。

3. 如果贵单位接受我们的投标，我们将保证在接到监理工程师的开工通知书后，在本投标书附录内写明的开工期内开工，并在××个月的工期内完成本合同工程，达到合同规定的要求。该工期从本投标书附录内写明的开工期的最后一天算起。

4. 如果贵单位接受我们的投标，我们将保证按照你单位认可的条件，以本投标书附录内写明的金额提交履约担保。

5. 我们同意在从规定的开标之日起××天的投标文件有效期内严格遵守本投标书的各项承诺。在此期限届满之前，本投标书始终将对我方具有约束力，并随时接受中标。

6. 在合同协议书正式签署生效之前，本投标书连同贵单位的中标通知书将构成我们双方之间共同遵守的文件，对双方具有约束力。

7. 我们理解，贵单位不一定接受最低标价的投标或贵单位接到的其他任何投标。同时也理解，贵单位不负担我们的任何投标费用。

8. 随同本投标书，我们出具金额为人民币××元的投标担保。如果我们在本投标文件有效期内撤回投标文件；或拒绝接受按投标人须知规定的对投标文件中细微偏差进行澄清与补正；或在接到中标通知书后的28天内未能或拒绝签订合同协议书；或未能提交履约担保(含按规定提交的相应比例的银行汇票)，贵单位有权没收投标担保，另选中标单位。

投标人地址：×××××× 投标人：(全称)(盖章)
邮政编码：×××××× 法定代表人
电　　话：××××××××× 或
传　　真：××××××××× 其授权的代理人(职务)(姓名)(签字)

日期：××××年××月××日

[**点评**]

这两篇例文对招标单位明确做出回应，内容齐全，表述简洁清晰，操作规范。

练　习

一、简答题

1. 什么是投标书？投标书的写作格式是什么？

2. 投标书的写作要求及注意事项有哪些？

二、写作题

请根据下述材料内容写一份投标书。

张××在某公司项目经理部任职。近期，公司根据某村养鸡场电气设备安装工程招标书的要求，认为公司完全具备承包施工安装的能力与条件，决定对此项工程投标。该工程项目的主要组成是养鸡场一座，建筑规模较大，需要安装的机电设备中动设备不多，主要是容器类的静设备和工艺管线、电气动力照明等；生产用锅炉房、压缩空气站和变电所均为独立建筑物，建筑规模不大。建筑面积×××平方米，主体××层，标价××元，开工工期××××年××月××日，竣工日期××××年××月××日。投标单位为某总公司，负责人为×××，联系电话为×××-××××××××，传真为×××-××××××××；并用附件的方式介绍公司基本情况。

第三节 产品说明书

一、产品说明书

产品说明书是以说明为主要表达方式，全面、详尽地介绍商品知识（如性能、用途、特征、构成、使用方法、保管方法、注意事项等）的一种文字材料。产品说明书根据不同使用情况又可以称做使用指南或用户手册等。其中用户手册是产品说明书中面向具体用户，综合介绍商品知识或提供服务指南等信息，装订成册的说明性文书。用户手册介绍的信息往往比一般的产品说明书更复杂、更详尽。产品说明书用途广、范围宽，一般商品都有产品说明书。

二、产品说明书的种类

1. 外观式

将说明书的内容直接打印在外包装上，适用于日常用品和操作简单的安全性较高的普及性商品。

2. 内装式

将说明书置于包装内，适用于一些操作过程比较复杂、需要认真阅读，以免造成不良后果的产品。

3. 内外装结合式

既在外包装上写明，又有装入商品的说明。通常印在外面的说明书比较简单，里面的比较详尽。

三、产品说明书的写作方法

产品说明书因物而异，写法并不都一样。商品的内容不同，它的写法也随之变化。有的说明商品的用法，有的说明商品的功能，有的说明规格等，各有侧重，表现各异。例如，纺织品重在说明成分与使用注意事项，图书重在说明内容，机械产品则重在说明型号。当然，产品说明书一般的结构大致相同。

产品说明书一般由标题、正文、结尾三部分构成。

1. 标题

标题通常采用两种写法，一种由商品名称或说明对象加上文种名（文种名可以是“说明书”“指南”“手册”“入门”等）构成。如：“××豆浆机使用手册”“××皮质沙发保养说明书”。另外，商品包装上的说明往往就是商品名称，如“××牛奶”“××营养麦片”等。

产品说明书标题的字体一般采用大号字体，以示醒目。

2. 正文

正文是说明书的主体部分，一般要写明商品的基本概况、性能、结构、成分、用途、功效、使用方法、适用范围、注意事项、保养（储藏）与维修、安全警示等。有的还要简单介绍生产商的基本情况或产品声誉等。可以根据不同类型商品的不同特性做各有侧重、详略得当的介绍说明。

正文的写法主要有三种形式：

(1) 概述式。对商品的有关知识做概括性的叙述和介绍。这种形式通过一气呵成的概括叙述，以突出商品的个性，给人留下比较完整、深刻的印象。

(2) 条文式。逐项分条介绍有关商品的各方面知识，如性能、结构、使用方法及保存等。这种形式层次清楚，详细具体，一目了然。

(3) 综合式。概括式和条文式的结合。既有总体概括的介绍，又有分项的具体说明。这种形式往往给人以全面的知识介绍，如比较特殊的商品（例如手机等高档商品或精密仪器）就经常采用用户手册的形式。

3. 结尾

结尾一般写明该商品的生产厂家的名称、地址、电话、邮编以及生产许可证号、生产日期、保质日期或使用期限等。

例文

××牌 CCA1-4 型铸铁电炒锅使用说明书

××牌 CCA1-4 型铸铁电炒锅，是世界各国公认的理想炊具，对增进人的健康大有裨益。本产品具有民族特点。电热炊具煎、炒、蒸样样俱全。出厂经严格测试检验，电气性能安全可靠。

电源及电气性能：

电压 220 V　　频率 50 Hz　　功率 1 000 W

特点：

1. 锅体为生铁铸造，符合国家食具卫生标准。
2. 热效率高，升温速度快，省电安全。
3. 维修方便，零件更换容易。

使用方法：

1. 插上电源约 2 分钟，即可煎炒食品。
2. 切断电源即停止工作。

注意事项：

1. 电炒锅通电时应有人在现场看管。

2. 为确保安全，用户应接好地线（装有漏电保护开关的用户可不接地）。

3. 初次启用或久置再用，应在使用前做电器检查。

4. 不要随便拆卸，不要破坏锅体外表的防锈涂层。

××市家用电器工业公司

地　　址：××市赤坎海滨七路十九号

邮政编码：××××××

电　　话：××××——×××××××

传　　真：(××××) ×××××××

网　　址：www. ×××. com

[点评]

例文产品说明书对产品作了详细的说明。从电源及电器性能、特点、使用方法、注意事项等方面做了具体介绍，让使用者心中有数；并写明了生产地址、邮政编码、电话、传真号码、网址等信息，如消费者发现问题便于直接与生产企业联系。

练　　习

一、简答题

1. 产品说明书的概念是什么？有哪些种类？

2. 产品说明书的写作方法是什么？

二、写作题

请根据下面的材料，为四川名酒“文君酒”写一份产品说明书。

文君酒历史悠久，酒质具有窖香浓郁、柔绵醇净、甘甜爽口、香味协调、回味悠长的独特风格。以稻谷为原料，大小麦配方制曲，堪称浓香型大曲酒之佳品。采用传统生产工艺，老窖发酵，蒸馏陈酿出厂，酿造用水系西汉卓文君古井水脉佳泉。1985 年荣获中华人民共和国商业部“金爵奖”。1983 年被评为省名酒。1981 年、1984 年两届荣获中华人民共和国商业部优质产品称号。1987 年荣获中国出口名特产品金奖。

三、修改题

请按照产品说明书的写作格式与内容，修改下文。

生物保健口服液说明书

中医理论认为：“人体是一个平衡的有机整体，病弱的根本原因在于平衡失调。”

然而，人体的平衡，却时常受到内外各种因素的破坏：工作生活的压力、季节气候的变化、生理机能的老化等很多的原因让人穷于应付。

生物保健口服液，遵循自然法则，以特殊工艺从生物中提取有效的活性物质，增强人的体质，从而迅速恢复被破坏的机能，并通过帮助人体平衡地吸收膳食中的营养及各类元素，以保证人体器官功能的物质所需，从而达到预防、防治疾病的保健目的。

一、功能

双向调节机体功能，延长细胞寿命，提高机体免疫力，提高工作、运动能力，振奋精神，充沛体力，促进消除疲劳和病后康复。

二、适用范围

1. 食欲不振、消化不良、睡眠不安、精神衰弱、疲倦无力、精力不足。

2. 贫血、十二指肠溃疡、胃炎、高血压的辅助治疗。

3. 病后体弱。

4. 老年慢性病，人体机能衰退。

5. 儿童和青少年营养不良、发育不全、学习注意力不集中、记忆力差、用脑过度。

三、用法

每日 2 次，每次 1 片，小儿减半，早午服用。以 30 天为 1 个疗程。然后停服 1 周，若再进行 1 个疗程，效果更佳。

本品为纯生物制剂，不含防腐剂和化学合成药物，经药理和临床试验均无副作用，可长期服用。

四、贮存

干燥阴凉处，或冰箱内保存。

批准文号：××××××。

第七章　农村法律文书

学习目标：

◆了解起诉状、上诉状、答辩状、申诉状的概念及适用范围。

◆掌握法律文书的写作要求。

◆能按法律文书的格式写作。

法律文书是国家专门的执法机关，按照法定程序，在办理刑事、民事、行政案件和处理其他各项法律事务中所制作的，具有法律效力的一类应用文。它包括被国家执法机关所确认的具有法律意义的各种文书，具有严谨性、格式性和法律性的特点，是表现一定的法律活动和法律结果的文书。学习法律的相关知识和掌握一些法律文书的写作，可以很好地保护广大农村地区干部和群众的合法权益。法律文书的种类繁多，本章只讲述常见、常用的起诉状、上诉状、答辩状和申诉状。

小资料

——法律文书写作的基本要求

①遵循格式，写全事项；　②主旨鲜明，阐述精当；

③叙事清楚，材料真实；　④依法说理，说服有力；

⑤说明情况，简洁明晰；　⑥综合表达，叙议为主；

⑦行文章法，因文而异；　⑧语言精确，朴实庄重。

第一节　起　诉　状

一、起诉状的概念

起诉状又称“诉状”，是指公民或法人因自身合法权益遭受侵害而向人民法院提起诉讼请求的文书。任何公民、法人及非法人团体，当他们的合法权利受到非法侵犯，都有权向人民法院提出诉讼。这种诉讼起始时所写的文书就是起诉状。

二、起诉状的作用

当事人向人民法院递交起诉状，人民法院经审查并决定受理后，将直接引起诉讼程序。起诉状的作用在于：

1. 当事人提交起诉状是行使起诉权的表现，是维护自身合法权益、请求国家司法救济的途径，有利于实体权利依法得到应有保护；

2. 起诉状是人民法院受理案件，予以立案、受理的凭证；

3. 起诉状是人民法院对民事纠纷进行调解和审理的基础，通过起诉状使法院了解原告的诉讼请求、事实和理由，为公正、合理地解决纠纷打下基础；

4. 起诉状也是被告应诉答辩的依据。

三、起诉状的种类

1. 民事诉状

民事诉状是公民、法人或其他组织作为民事诉讼原告在自己的民事权益受到侵害或者与他人发生争议时，为维护自身的民事权益，依据事实和法律，向人民法院提起诉讼，要求依法裁判时所提出的书面请求。

2. 行政诉状

行政诉状是指公民、法人或其他组织认为行政机关的具体行为侵犯了其合法权益，请求人民法院依法公正裁决，而向人民法院提出行政诉讼的文书。

3. 刑事诉状

刑事诉状是指被害人或其法定代理人直接向人民法院起诉，要求追究被告人的刑事责任或者附带民事责任的诉讼书状。刑事诉状限于侮辱、诽谤、暴力干涉婚姻自由、虐待等诉讼处理的案件，以及其他不需要侦查的轻微刑事案件。

4. 刑事附带民事诉状

刑事附带民事诉状是刑事案件中的被害人提起民事诉讼的文书。

四、起诉状的写作方法

起诉状是由首部、正文和尾部三部分组成。

1. 首部

（1）标题。标题即起诉状的名称，写于文头正中，要根据诉状的类别确定标题，如“民事起诉状”“刑事起诉状”“刑事附带民事起诉状”等。

（2）当事人基本情况。当事人包括原告和被告的基本情况。要按照先原告、后被告的顺序依次写明当事人姓名、性别、出生年月日、民族、籍贯、职业或工作单位和职务、住址等。当事人是多人的，要依次写明，有几个写几个。原告如有代理人，要在原告姓名下一行写明。如被告是法人或其他组织，应写明其单位名称、所在地址、法定代表人或者主要负责人的姓名、职务和电话。如法人或其他组织提起诉讼，应写明原告名称、所在地址，法人代表姓名、职务、电话，企业性质，工商登记核准号，经营方式和范围，开户银行、账号等内容。

2. 正文

（1）案由。表明案件的性质，一般写明名称和具体纠纷。如“土地买卖纠纷”“债务纷争”等。现在有的起诉状不列案由一项，将其并入“请求事项”一栏。

（2）请求事项。写明原告起诉的目的和请求人民法院解决哪些问题。案由不同，诉讼请求也不同，有单一的，也有多项的，主要写明请求人民法院依法解决原告一方要求的有关争议的具体事项，如“继承权纠纷”“偿还债务”“要求与被告离婚”“给付赡养费”等。请求内容较多时，必须分项写清楚。

（3）事实与理由

1）事实部分。要围绕着诉讼目的，全面反映案件事实的客观真实情况。叙述要完整，要讲明案件案情的六个要素，即时间、地点、人物、事件、原因和结果；叙事要真实，诉状是人民法院受理案件的重要根据之一。叙述案情时，必须实事求是，如实反映案件事实的本来面貌；叙事要明确，与争议有直接关系的事实，要详细叙述明白；与案情事实关系不重要的，但又必须交代清楚的，可以简要概括。同时注意叙述事实用语要准确，表达要恰当。

2）理由部分。理由就是讲道理，就是要分析事实，判断证据，认定被告人侵权行为或与之争议的合法权益的性质，所造成的后果以及应承担的责任。引用适当的法律条文，阐述起诉的理由和根据，用以说明原告人提出诉讼是有根有据、合情、合理、合法的。

理由阐述完后，可用一两句话作为结语，如“为此，特向你院提起诉讼，请依法判决”，或扼要概括全文，重申自己的诉讼请求。

事实和理由既可以分别写，也可以合在一起写；既要摆事实，又要同时根据事实，对照法律条款的有关规定，分析论证，分清是非曲直，明确权利义务关系，确认法律责任。

3. 尾部

（1）送交的法院名称。文尾空两格写“此致”，然后回行顶格写“××法院”。

（2）具状人签名盖章及日期。签名盖章与日期分两行列于尾部右下部，签名在上，日期在下。

（3）附项。在具状人签名盖章及日期之后，另起一行空两格写：

附：本起诉状副本×份；

物证×件；

书证×件。

起诉状副本份数应与被告人数相符。

知识链接——民事案件的立案条件

依据《中华人民共和国民事诉讼法》第108条的规定，起诉的条件是：

（一）原告是与本案有直接利害关系的公民、法人和其他组织；

（二）有明确的被告；

（三）有具体的诉讼请求和事实、理由；

（四）属于人民法院受理民事诉讼范围和受诉人民法院管辖。

“与本案有直接利害关系”是指公民、法人或其他组织的财产权利、人身权利和其他权益遭到他人的侵害或与之发生了权利、义务争议。

“明确的被告”是指原告起诉的相对方应该是明白、确切、具体的公民、法人或其他组织。如果没有被告或被告不明确，就不能起诉和送达。当然，被告下落不明不属于没有明确的被告。

“具体的诉讼请求”是指原告要求人民法院解决的请求内容，内涵外延应当明确、具体，请求人民法院保护什么、支持什么、反对什么应当清楚、明白、具体，不能模棱两可、含混不清，即必须向法院说明案件事实和证据事实及其理由。

“属于人民法院受理范围”是指公民、法人或其他组织之间因财产关系和人身关系而提起的诉讼，应当属于人民法院审理民事案件的范围。“属于受诉人民法院管辖”是指依照民事诉讼法有关地域、级别、专属管辖的规定，应属该院管辖。

例文一

农村土地承包经营权民事起诉状

原告人：××，女，××××年××月××日出生，汉族，××省××县××镇××村人，中学文化，现住××××。

被告人：××，男，××××年××月××日出生，汉族，××省××县××镇人，××县××厂职工，现住××××。

诉讼请求

1. 返还应由原告承包的土地140平方米；
2. 返还土地收益__________元；

3. 返还三提五统费__________元；

4. 承担本案全部诉讼费用。

事实与理由

我于××××年，按照国家当时的土地承包政策承包了集体耕地__________平方米，东邻为__________，西邻为__________。在20多年的承包经营过程中，我勤劳经营耕作，依法承担了各种农业税费，真诚维护与地邻之间的关系，从不计较与地邻之间的得失。然而，被告却利用农作物换季整地之机，恶意侵占我的承包地，致使我的利益受到侵害。考虑到乡亲面子，我本着和睦相处的原则，近年来，多次通过亲戚朋友从中说和，通过村委会干部做调解工作，但被告仍我行我素，置若罔闻，对我的合理诉求置之不理。

为了有理有据地主张我的权利，今年×月×日我通过__________村人民调解委员会，在村委会调解干部__________、我本人及被告均在场的情况下，对我和被告的承包地进行了丈量核实。经过丈量，我的地横幅少50厘米，被告的地多50厘米。在确凿的事实面前，被告仍然拒不退还侵占的土地，并说"那是过去的事情了"。

《中华人民共和国农村土地承包法》第9条规定："国家保护集体土地所有者的合法权益，保护承包方的土地承包经营权，任何组织和个人不得侵犯。"《民法通则》第117条第1款规定：侵占国家的、集体的财产或者他人财产的，应当返还财产，不能返还财产的，应当折价赔偿。

综上，为维护我的合法土地承包经营权，现依法提出如上诉讼请求，请求人民法院作出公正裁判。

证据和证据来源、证人姓名和住址

承包合同复印件1份，农村集体土地承包经营权证书复印件1份。证人证言共3份，系张××、李××、田××书写。

证人：张××，住××省××县××镇××村，职务：村长；李××，住××省××县××镇××村；田××，住××省××县××镇××村。

此致

××市人民法院

起诉人：××

××××年××月××日

附：1. 本诉状副本1份；

2. 书证5份。

例文二

刑事附带民事起诉状

附带民事诉讼原告人：康某，男，出生于××××年××月××日，现年21岁，××市××面粉厂工人，住某市××区××路20号。

法定代理人：康某民，男，生于××××年××月××日，现年64岁，××省××市老干部局退休干部，住址同上，系原告人之父。

附带民事诉讼被告人：杨某林，男，生于××××年××月××日，现年29岁，某面粉厂工人，住本厂宿舍。

诉讼请求：依法判令被告人赔偿因其犯罪行为给原告人造成的医药费等经济损失52 626.11元。

事实和理由

我和被告人同在一个单位工作。1999年7月29日上午11点，我正坐在车间的窗台上休息，被告人从外车间提着一个盛有稀料的小桶放在我的跟前，说想刷刷小桶拿回家钓鱼。我出自好意地对被告人说："我帮你把小桶烧烧吧。"随即划一火柴放在小桶里，桶里的稀料开始燃烧起来，我马上跳下窗台，这时被告人看到自己的小桶着火，一气之下将小桶里的稀料泼到我身上，顿时我浑身着火，疼痛难忍，幸亏在场的同事相救，才免于更大的伤害。

烧伤后，我先后到解放军某医院和某医学院附属医院治疗，共花去医药费18 315.76元，原告工资损失每月245元，休病假每月只开76.20元，到目前13个月共2 194.40元，病人营养费（13个月）2 000元，病人护理费（3人，40天）即原告人的父、母及哥哥按一般临时工计算每天工资10元，共计1 200元。其他费用：护理人员住宿费264元，护送病人的车费330元，护送病人、大夫、司机共9人，招待费85元，复印照相费40元，护理人员来回车费152.10元，电话费44.55元。

1999年9月10日，经本市公安局司法技术鉴定：烧伤后梡神经致其腕关节、指关节功能严重障碍，功能丧失50%以上，全身烧伤面积40%，最后结论属重伤。被告人现已被××市人民检察院依法提起公诉。根据《刑事诉讼法》第77条之规定，原告人依法提起附带民事诉讼，要求被告人赔偿因其犯罪行为给原告人造成的经济损失，并负担原告人因伤致残失去部分劳动功能的伤残补助费24 000元、整容费5 000元，以上费用总计53 626.11元，减去被告人缴纳的1 000元，应负担原告人52 626.11元。

证据及证据来源

1. 某市公安局司法技术鉴定书1份；
2. 医疗费单据93张；

3. 去医院来往车票48张。

此致

××市人民法院

附带民事诉讼原告人：康某（印、签）

××××年××月××日

附：1. 本诉状副本1份；

2. 书证1份。

[**点评**]

这两篇诉状内容符合书写要求。事实陈述清楚，诉讼理由运用相应的法律条款，以充分论证原告所提诉讼要求的合法性和正确性。诉讼要求也明确、恰当。

练　习

一、简答题

1. 什么是起诉状？起诉状的种类有哪些？

2. 起诉状有哪些作用？起诉状的写作格式是什么？

二、写作题

根据下面材料，代葛××写一份行政起诉状。

葛××，男，34岁，汉族，××市人，高中文化，××区个体户，住××街5号。

事实和理由：20××年6月10日上午8时许，住在我楼上的胡×因往楼下倒脏水，溅进我家厨房。我与他评理，胡×抄起菜刀就往我脑袋砍，顿时鲜血直流，流血不止。我用衬衣包住头，去某医院包扎。当时有邻居和居委会干部在场，知晓这件事。经××派出所处理，对胡×给了警告处分，我也给了警告处分。派出所的理由是，经过血衣、刀鉴定，结论是那上边的血不是人血。我认为，派出所对其仅予以警告处分过轻。为了这件事，我曾于20××年×月×日对××派出所第×号裁决书提出复议申请。请求对其加重处罚，并重新鉴定血衣、刀。但××公安分局于××××年××月××日下达复议裁定书反而维持对我的警告，并撤销对胡×的警告处分，也没有对血衣和刀进行重新鉴定。我不服××公安分局×复字［20××］05号复议决定书，提起诉讼。我的法律根据是《××管理处罚条例》39条和《行政诉讼法》37条有关规定。

三、修改题

请修改下面的民事起诉状

民事起诉状

原告人：李××，68岁，汉族，××省××市人，现无业在家。

被告人：王××，49岁，汉族，××省××市人。现任工程师。

请求事项：要求被告认原告为娘亲。

事实和理由：我是被告人王××的继母，王××的父亲于王××上小学时病故，他就由我抚养。我主持家务，供王××上中学和大学，每月付给他生活费200至300元。我对王××尽了抚养的义务。王××上大学后，我还在街道工厂做临时工，所得工资勉强能维持生活。现在我年迈多病，不能继续工作，也没有退休金，又没有亲生儿女可以依靠。只好找我的继子王××，要求他每月给我赡养费，我供给他上学，他理应养活我，特请法院秉公处理，判令被告人按月付给我生活费300元。

第二节 上诉状

一、上诉状的概念

上诉状，是民事、行政或刑事案件的当事人对地方各级人民法院作出的第一审民事、行政或刑事判决或裁定不服，按照法定的程序和期限，向上一级人民法院提起上诉时使用的文书。

二、上诉状的作用

上诉状是二审人民法院受理案件并进行审理的依据。通过上诉，可以对一审裁判认定的纠纷事实、判断是非曲直处理的结果等方面存在的问题进行评论，指出问题的症结所在，从而阐明上诉的理由并提出上诉请求，使二审人民法院了解上诉人对一审裁判的看法、意见和要求，这有助于正确、及时、合法地处理案件，保证审判质量，防止错案的发生，有利于保护一审案件败诉一方当事人的合法权益。

三、上诉状的特征

1. 上诉状必须是诉讼当事人及其法定代理人提起，别人无权提起。

2. 上诉状必须是对地方各级人民法院的第一审判决、裁定不服所提起。

3. 上诉状必须依照法定程序和期限，向作出第一审判决、裁定的上一级人民法院提起上诉。

四、上诉状的种类

1. 民事上诉状

民事上诉状是指民事案件当事人或者其法定代理人不服一审人民法院的民事判决、裁定，在上诉期间内要求上级人民法院进行审理、撤销、变更原判决、裁定所提出的书面请求。

2. 行政上诉状

行政上诉状是指当事人不服人民法院的第一审行政判决、裁定，依法要求上一级人民法院撤销变更一审判决的书面请求。

3. 刑事上诉状

刑事上诉状是指刑事案件的当事人及其法定代理人或者刑事被告人的辩护人和近亲属经被告人同意，不服地方各级人民法院的第一审判决、裁定，依照法定程序和期限要求上一级人民法院撤销或变更原判决、裁定的书面请求。

五、上诉状的写作方法

1. 首部

(1) 标题。标题即上诉状的名称，写于文头正中，要根据诉状的类别确定标题，如“民事上诉状”“刑事上诉状”“刑事附带民事上诉状”等。

(2) 当事人的基本情况。先定上诉人，后定被上诉人，包括姓名、性别、年龄、籍贯、住址等内容。特别注意应把当事人在一审中的诉讼地位加以备注。例如：“上诉人（一审被告)”“被上诉人（一审原告)”。

(3) 不服原审判决或裁定的事由。如“上诉人因××一案，不服×××人民法院于×年×月×日×字第×号民事判决（或裁定)，现提出上诉，上诉的请求理由如下”随后转入正文。

2. 正文

(1) 上诉请求。首先要综合叙述案情全貌，接着写明原审裁判结果。其次指明是对原判全部或哪一部分不服。最后写明具体诉讼请求，是要撤销原判、全部改变原判还是部分变更原判。诉讼请求应明确、概括、简洁，使人一目了然。

(2) 上诉理由。主要是针对原审裁判而言，而不是针对对方当事人。针对原审判决、裁定论证不服的理由，主要是以下方面：

1）认定事实不清，主要证据不足。

2）原审确定性质不当。

3）适用实体法不当。

4）违反法定程序。

3. 尾部

要写清“此致”“×××人民法院”，并在右下方由上诉人签名盖章，注明年、月、日。

（1）送交的法院名称。文尾空两格写“此致”，然后回行顶格写“××人民法院”。

（2）上诉人签名盖章及日期。签名盖章与日期分两行列于尾部右下部，签名在上，日期在下。

（3）附项。在具状人签名盖章及日期之后，另起一行空两格写：

附：本上诉状副本×份；

书证、物证各××件。

例文一

行政上诉状

上诉人（一审被告）：××省××县工商行政管理局。

所在地址：××省××县城关镇。

法定代表人：胡××，局长，电话×××××××××××。

被上诉人（一审原告）：××酒厂。

所在地址：××省××县××乡。

法定代表人：王××，厂长，电话×××××××××××。

上诉人因商标侵权赔偿一案，不服××省××县人民法院××××年××月××日（200×）×行初字第×号行政判决，提出上诉。

上诉请求

1. 撤销××省××县人民法院（200×）×行初字第×号行政判决书；

2. 驳回本案原告无理诉讼请求；

3. 判决本案原告承担本案第一审、第二审全部诉讼费用。

上诉理由

××××年××月，××酿酒公司向我局举报，本案原告××酒厂在白酒瓶上使用了与该公司白酒注册商标“××牌”相近似的商标，侵犯了该公司的注册商标专用权，要求××酒厂停止商标侵权行为并赔偿损失。

经我局查证，××酒厂确实存在上述行为，并且给××酿酒公司造成经济损失。为此，我局于××××年12月28日作出决定，责令××酒厂立即停止商标侵权行为，并赔偿××酿酒公司经济损失10万元人民币。该决定作出后，××酒厂不服，向我局上级单位××省工商行政管理局申请复议。××××年××月××日，××省工商行政管理局将我局决定改变为××酒厂赔偿酿酒公司经济损失20万元人民币，并维持了侵权行为性质的认定。

××××年××月××日，××酒厂向××县人民法院提起行政诉讼，请求撤销我局和××省工商行政管理局的决定。在一审中，我局明确提出该决定并非行政处罚，而是对××酒厂侵权行为的处理。但一审法院却以（200×）×行初字第×号行政判决书认定我局决定中的赔偿额过多，判决变更为××酒厂赔偿××酿酒公司7万元人民币。我局认为这一判决是错误的：

1. 根据《中华人民共和国行政诉讼法》第5条的规定，人民法院审理行政案件，只能对行政机关的具体行政行为是否合法进行审查。除行政处罚违法或显失公平外，人民法院不应代替行政机关对行政行为是否适当作出决定。

2. 我局及上级机关作出的责令××酒厂赔偿××酿酒公司经济损失的决定，不属于对××酒厂的行政处罚，而是对××酒厂侵权行为的依法处理，人民法院不能以判决的形式变更这一处理决定的内容。

综上所述，本案一审法院对本案的判决违背法律的规定，超越职权，应予撤销。

此致

××省××地区中级人民法院

上诉人：××省××县工商行政管理局

××××年××月××日

附：本上诉状副本1份。

例文二

刑事上诉状

上诉人（一审被告）：丁××，男，28岁，汉族，××市人，××市电器公司职工，住××市×区×路×号，现在押。

上诉人因丁××故意伤害一案，不服×区人民法院（2000）×刑初字第101号判决，提出上诉。

上诉请求

1. 撤销×区（2000）×刑初字第101号判决书。
2. 改判被告人故意伤害为防卫过当。

上诉理由

一、上诉人丁××伤害他人事出有因，并非无事生非。2000年5月1日晚10时许，上诉人与女友看电影晚归。在路上正碰上刚喝完酒的被害人张×等一行3人。张×等3人对上诉人女友辱骂，上诉人气愤不过与他们理论。张×等3人故意寻衅滋事，和上诉人扭打在一起，上诉人情急之下拾起路边一块砖头自卫，不料砸中张×头部致使其脑震荡。

二、上诉人对被害人张×进行反击纯粹是出于自卫。张×3人当晚一起喝酒，喝了10瓶啤酒，他们是当地的地痞，不难想象当时他们拦截、辱骂并殴打上诉人和其女友的动机及目的。在对方人多并先打上诉人的紧急情况下，上诉人出于自卫将张×打伤才得以和女友逃身。这实属迫不得已而为之的防卫性质。

三、上诉人事后主动投案自首，并又积极赔偿了被害人张×的经济损失8 000多元，对此应考虑从轻、减轻处罚。

综上所述，特提出上诉请求，恳请上级法院查明事实，依法撤销一审判决，进行改判。

此致

××市人民法院

上诉人：丁××

2000年9月10日

附：1. 本上诉状副本1份。

2. 证据材料3份。

[点评]

上述两篇例文都是针对原判在认定事实和适用法律方面的问题提出的不服原判的理由。当事人的姓名、原审法院的名称、案件的编号和案由、上诉的请求和理由讲述得都是比较清楚的。并注意用列举证据的办法，据实说理。有一定的申辩说理的力量，注意用法律依据来加强理由的论证。

知识链接——提起上诉的条件

上诉是当事人依法享有的权利。但是，并非对所有的判决、裁定不服都能够提起上诉；同时，即使对可以提起上诉的判决、裁定，行使上诉权利也必须符合一定的条件。

1. 上诉的实质要件

实质要件涉及哪些判决、裁定可以上诉。上诉只能就法律规定可以上诉的判决、裁定提起，如果法律规定不准上诉的判决、裁定，当事人不能上诉，上诉程序也就无从发生。根据我国《民事诉讼法》的规定，可以上诉的判决、裁定包括：按照普通程序、简易程序审理的第一审判决以及法律明确规定可以上诉的裁定。

2. 上诉的形式要件

形式要件是指提起上诉在形式上所应具备的法定条件。具体包括以下方面：

第一，合格的上诉人和被上诉人。合格的上诉人是指依法享有上诉权的原第一审案件的当事人。概括地说，有权提起上诉可作为上诉人的，必须是在第一审案件中具有实体权利或义务的人，既可能是第一审案件的原告，也可能是被告，具体为当事人、共同诉讼人、诉讼代表人和直接承担一审裁判中实体权利义务的第三人。

第二，必须在法定期限内上诉。上诉期限简称上诉期，是指法律规定的有效期限。根据我国《民事诉讼法》规定，不服裁定的上诉期为 10 天，不服判决的上诉期为 15 天。上诉期限从第一审法院的裁判送达次日起算。诉讼参加人各自接收裁定、判决的，从各自的起算日开始。

第三，应当提交上诉状。上诉状不但表明与对方当事人在民事权利上有争执，而且表明对第一审人民法院的裁定、判决有异议，不仅要求上级人民法院确认自己的权利，而且要求变更原审人民法院的裁判，通过变更裁定、判决，以达到维护自己权利的目的。

练　　习

一、简答题

1. 什么是上诉状？它有什么作用？

2. 简述上诉状与起诉状的异同。

二、评析题

下文中上诉人的理由都对吗？哪些对，哪些不对？为什么对。为什么不对？

上诉人因不服××市城北区人民法院［1988］行字第 17 号判决，提起上诉。事实和理由如下.

原判认为，××市城北环保局规定我 8 月底前搬迁，我未按时搬迁，环保局强制执行，代为拆除我的摊位是正确的。

显然，原审法院认定事实失误，从而作出了不公正的判决。事实是，这个摊位不是我新强占的，是以往的占有者有偿转让给我的。以往的占有者已在这里做了多年生意，人家都没有犯法，唯独我不行。再者，我由于最近生病住院，是请别人代为照看生意，8 月底未搬迁是情有可原，环保局为什么要强行拆除我的摊位？我要求环保局赔偿我的损失理所应当。

原审法院未经证实以上事实，作出了错误的判决，故予上诉，请求再审改判。

三、修改题

修改下面的上诉状。

上诉人（原审被告）：欧阳×，女 36 岁，湖北省××市人。

被上诉人（原审原告）：丁×，男，37 岁，湖北省××市人。

上诉人因离婚一案不服××市人民法院判决，现提出上诉。

上诉的请求和理由如下：

原判认为，双方婚姻父母包办，并无感情基础。婚后因家庭纠纷不断吵闹。近几年，女方毫无根据怀疑男方有外遇，经常到男方单位吵闹，影响男方工作与身心，双方感情日益破裂，分居3年之久。现男方提出离婚，调解无效。经调查属实，判准离婚。

上诉人认为原判认定的事实，是不正确的。我与被上诉人结婚，虽由父母做主，但订婚后，约见过几次。结婚时，被上诉人也喜气洋洋。这能说没感情基础吗？我们结婚14年，生了一个孩子，家庭和睦。近几年，被上诉人对上诉人感情冷淡，照顾甚微，经常争吵，这毕竟是家庭琐事，依此而判离婚，毫无法律根据。上诉人认为被上诉人有外遇，原判中说“毫无根据”，上诉人的确看见被上诉人与另一个护士常在一起，而且从对我的恶劣态度亦可证实。我吵闹不休，是为了让被上诉人收敛。原审以此作为判离婚理由，不足为据。

根据上诉理由，请求撤销原审判决，依法改判，不准被上诉人与上诉人离婚。

此致

××市人民法院

上诉人：欧阳×（盖章）

××××年××月××日

第三节　答　辩　状

一、答辩状的概念

答辩状，就是被告和被上诉人针对起诉的事实和理由或上诉的请求和理由进行回答和辩解的文书，是与起诉状和上诉状相对应的文书。只有一审的被告或二审的被上诉人才可以在法定期限内，使用答辩状进行诉讼活动，其他人不得使用答辩状。

二、答辩状的作用

1. 答辩状是被告人或被上诉人对起诉状或上诉状中的无理之处或错误事实进行反驳，有利于法院查清案情，公正判决或裁定。

2. 答辩状是保护被告人或被上诉人合法权益的重要手段。

3. 答辩状利于维护法律公正。

三、答辩状的写作方法

答辩状也是由首部、正文和尾部构成。

1. 首部

（1）标题。答辩状的标题要求简明、醒目。应标明诉讼类别和审理程序。如，是刑事答辩状、民事答辩状还是行政答辩状；是起诉答辩状还是上诉答辩状等。

（2）答辩人基本情况。写明答辩人的基本情况，即姓名、性别、出生年月日、民族、籍贯、职业或工作单位和职务、住址等。答辩人如果是法人或其他组织，则要写明单位全称、所在地址、法人代表的姓名和职务。

2. 正文

（1）答辩案由。写明因何人上告何案件而提出答辩。一审程序的案由可写为："现将×××为××一案上告我事，做如下答辩"或"答辩人×××于×年×月×日收到×××人民法院送达起诉状副本及通知，现答辩如下"。二审答辩状的案由可写为："×年×月×日接到上诉人×××的上诉状副本，现就上诉的请求和理由做如下答辩"等。

（2）答辩理由。答辩状的理由是答辩状的主体，是诉讼成败的关键，必须认真写作。答辩状是要针对对方当事人在起诉状或上诉状中涉及的问题进行答复和辩驳，通过答复和辩驳来否定对方当事人无根据或无道理的控诉。对答辩状的理由不可能做统一的规定，只能根据原告人的起诉状或上诉状的上诉内容来确定。答辩人应对起诉状或上诉状中的不实之词、违法上诉、无理要求逐一答复和辩驳，并可以提出相反的事实、证据和理由，证明自己理由、观点的正确，以维护答辩人的合法权益。

答辩状理由的写作要以事实和法律为依据，指出对方在事实或运用法律方面存在的错误和不恰当之处，不能空发议论，强词夺理。在答复时要着重对诉状中列举的事实和理由进行针锋相对的反驳，不能漫无边际。

（3）答辩意见。在阐明理由的基础上，通过总结、归纳，明确提出答辩意见。具体包括：①找出有关法律条文，证明自己的答辩是有法律依据的。②依据所列正确事实，说明自己法律行为的合理性。在此基础上请求人民法院进行最后裁决。

3. 尾部

（1）送交的法院名称。文尾空两格写"此致"，然后回行顶格写"××法院"。

（2）答辩人签名盖章及日期。签名盖章与日期分两行列于尾部右下部，签名在上，日期在下。

（3）附项。在答辩人签名盖章及日期之后，另起一行空两格注明答辩状副本×份，物证、书证名称及件数。

四、答辩状写作的注意事项

写作答辩状，特别注意的是要有针对性：一是要有的放矢地予以说明、反驳和答解，必须针对起诉状的内容答辩；二是在答辩中同时阐明自己的观点、主张和根据；三是依法论辩，不能无理狡辩，如果对方的指控或上诉的确有理并有事实根据，不应当一概否认，需要解释的可以作解释性说明。另外，答辩状必须是由案件被告提出的，必须在法定期限内提出。

例文一

行政答辩状

答辩人：××省××县城乡建设委员会，住所地××县××街××号。

法定代表人：冉××，主任。

因郑××不服土地管理行政处罚一案，提出答辩如下：

郑××本在××乡××村四组有砖木结构瓦房，××年×月又向乡政府申请在自己承包的耕地上兴建住房，乡政府认为该地段不是农房建设规划点，因此没有同意。郑××既未经土地管理部门审核批准，又未领取建房许可证，便擅自在承包耕地上兴建住房，是违反《××省土地管理实施办法》第×条之规定的。在施工期间、乡政府曾多次派人前往现场劝阻施工，并发出《关于郑××违章建筑通知书》，限期将正在兴建的房屋拆除还耕，但郑××不予理睬，乡政府于××年×月×日给县城乡建设委员会打了《关于对郑××强行占用良田熟地建房的处理报告》。经我们调查核实，认为郑××违反了《中华人民共和国土地管理法》第××条第×款关于农村居民建住宅“使用耕地的，经乡级人民政府审核后，报县级人民政府批准”的规定。为此，我们依据该法第××条关于“农村居民未经批准或者采取欺骗手段骗取批准，非法占用土地建住宅的，责令退还非法占用的土地，限期拆除或者没收在非法占用的土地上新建的房屋”的规定，于××年×月×日作出《关于拆除郑××非法占耕地所建住房的处罚决定》。

郑××以“建房是经群众讨论通过的”为由，不服土地管理行政处罚，向人民法院提起诉讼，这个“理由”是站不住脚的，请依法裁判。

证据：

一、××乡政府《关于郑××违章建筑通知书》1份；

二、××乡政府《关于郑××强行占用良田熟地建房的处理报告》1份；

三、本委员会《关于拆除郑××非法占耕地所建住房的处罚决定》1份。

此致

××县人民法院

答辩人：××县城乡建设委员会（盖章）

××××年××月××日

附：本答辩状副本1份；

书证3份。

例文二

刑事附带民事答辩状

答辩人：杨××，男，1979年4月24日生，汉族，××县××镇××村人，初中文化，农民，住××镇××村。

答辩人因××县人民检察院指控答辩人犯寻衅滋事罪、附带民事诉讼原告人王××提起附带民事诉讼一案，现提出答辩如下：

一、答辩人的行为不构成寻衅滋事罪

依照《刑法》第293条的规定，寻衅滋事罪是指无事生非，起哄闹事，肆意挑衅，随意骚扰、扰乱社会秩序，情节严重的行为。构成寻衅滋事罪的要件之一就是在主观上须具有故意。从本案情况来看，答辩人酒后处于一种极不清醒状态，根本不能辨明自己做过什么，主观上没有故意这种心理状态。因此，从这点分析，答辩人并不具备情节严重或情节恶劣，只是一般违法行为，不构成犯罪。

二、原告人所提精神抚慰费无法律依据

答辩人承认确实伤害了原告人的身体，造成了一定的经济损失，对于原告人提出的经济损失要求没有异议。但原告人所提精神抚慰费没有任何依据，表现在：

1. 没有事实依据。原告人受的只是轻伤，护理两周后已出院，精神并未受到多大伤害。

2. 没有法律依据。现行法律法规并无精神抚慰费的相关规定，答辩人认为不应赔偿精神抚慰费。

综上所述，答辩人虽已造成原告人身体伤害，但并不构成犯罪。原告人所提出的精神抚慰费要求也无法无据。请人民法院查明事实真相，依法裁判。

此致

××县人民法院

答辩人：杨××

代书人：××律师事务所律师×××

2000年7月10日

附：本答辩状副本1份。

[点评]

以上两篇例文，答辩人主要针对诉状中提出的与事实不符的部分进行答辩，同时根据事实提出了自己的答辩意见，是一种据实讲理的写法。针对性比较明显。

练　　习

一、简答题

1. 什么是答辩状？它有什么作用？

2. 写答辩状有哪些注意事项？

二、写作题

请根据下列材料拟写一份民事答辩状，案情如下：

刘××与李××夫妻生育长子刘×山和次女刘×兰二人。1976年长子刘×山娶齐×云为妻。1982 年刘×山因公死亡，1983 年刘××病逝，遗有祖传房产 5 间。此后李××与长媳、次女一家三口共同生活。1984 年次女刘×兰出嫁。1993 年底，李××病逝，长媳齐×云为之操办丧事。1994 年 4 月，刘×兰以齐×云虐待婆婆、对婆婆未尽赡养义务为由提起诉讼，要求判决被告齐×云对原告祖传房产不享有继承权；判决原告刘×兰为祖传房产唯一继承人；并要求判决被告承担全部诉讼费用。

三、改错题

下面是第一审民事被告李×向法院提交的答辩状，文书首部存在错误，请改正：

民事答辩状

被告：李×，男，19××年生，身份证号：(略)，住（略）。

原告：马×，女，19××年生，身份证号：(略)，住（略）。

你院××××年××月××日民诉字第×号应诉通知书及起诉状副本收悉。关于马××要求与我离婚一案，提出答辩如下：……

第四节　申　诉　状

一、申诉状的概念

申诉状是指刑事、民事和行政诉讼中的当事人或其法定代理人、被害人及其家属等，对已经产生法律效力的判决、裁定不服向司法机关（主要指人民法院）提出重新调查或重新审理时适用的书面请求。

二、申诉状的作用

申诉是法律赋予诉讼当事人、受害人的合法权利。它体现了我国社会主义司法工作依靠群众、发扬民主、实事求是、有法必依、违法必究、有错必纠的原则。适用申诉状维护了法律尊严，促使司法机关坚持真理，修正错误，也维护了申诉人的合法权益，促使司法机关重新审判，减少冤假错案。

一般情况下，对已发生法律效力的判决、裁定和调解协议不服，应向原终审人民法院提出申诉。

三、申诉状的写作方法

申诉状一般由首部、正文、尾部组成。

1. 首部

首先，写明文书名称，如“民事申诉状”“行政申诉状”等。其次，写明当事人的身份概况。提出申诉的当事人称“申诉人”，因为申诉是针对原审判决、裁定有误而要求复审改判的，所以没有“被申诉人”一项。

2. 正文

（1）申诉状的正文应写明申诉的请求及所根据的事实与理由。

（2）申诉请求，应简明写出申诉请求的目的，如请求撤销或变更原裁判，请求法院依法再审，以纠正原法律文书中对自己处理不当之处。

（3）事实和理由，要分析原生效法律文书在认定事实、适用法律及诉讼程序上的错误，并提出新的事实和证据，引用正确的法律来阐述自己申诉请求的合理性、合法性。

3. 尾部

（1）接受申诉的机关名称。

（2）申诉人署名或盖章，并注明制作日期。如果是律师代书，还应在申诉人姓名之后写明“代书人：××律师事务所律师××”。

（3）附项：案卷名称及份数；申诉人如果是在押犯，写明现在的羁押处所；物证、书证的名称及数量；有证人的，列出证人姓名、住址。

四、申诉状写作应注意的问题

申诉状是针对已发生法律效力的民事、刑事判决和裁定有错误而写的书状，要使其递交后能发生审判监督程序，则必须坚持“以事实为依据，以法律为准绳”的原则，针对原判在认定事实和适用法律上的不当，有理有据地提出申诉理由和请求，切不可悖理缠讼。申诉理由要充分，要有说服力。申诉请求要明确具体，要与申诉理由一致。

五、申诉状与上诉状的异同

上诉状与申诉状的性质、目的相同，都是对原审法院的判决或裁定不服，要求纠正错误。但二者又有明显的区别（尽管二者在写作格式上相似）：

1. 上诉状是对未发生法律效力的判决、裁定进行上诉；申诉状是针对已经发生法律效力的判决、裁定不服而提出申诉。申诉时，判决、裁定不能停止执行。只有当申诉成功，人民法院改判后才能根据改判撤销或更换判决、裁定。

2. 上诉有时间限制，过期失效；申诉没有时间限制。

3. 上诉状只能向上一级人民法院提出，而申诉状可向原审判的法院或原审的上级人民法院、人民检察院提出。

例文一

民事申诉状

申诉人：陈××，男，40岁。曲阜市××村二队人，村民。

申诉请求：申诉人陈××不服曲阜市人民法院［20××］民初资第×号民事判决，故请求重审或改判。

事实理由：申诉人认为曲阜市人民法院［20××］民初资第×号民事判决是不符合客观实际和法律规定的。

××××年11月7日、11月20日、12月9日，申诉人（以下以第一人称“我”代之）3次从被申诉人李××处提走油毛毡653卷（双方口头商定替被申诉人李××试销），计款1 819元，我出具了收货条。这是事实。××××年2—4月，李××来我处租赁我的厂房、库房，接管了我厂，在我处经营销售油毛毡3个多月。这也是事实（李××以我厂名义与雇员孔××、陈××、房××签订的合同书及工作人员的证言可作证明）。李××欠我租金闭口不谈，反恶人先告状，仅凭我出具的3张收货条将我告上法庭，否认在我厂经营租金分文未付之事实。法官对我出示的各种证据材料视而不见，单方面听信并支持李××的谎言（双方均未请律师）。

关于双方货、账的情况是：李××在租赁我厂房经营期间，经我同意将我原来从他那里提走的还没有卖出的油毛毡分两次售出，所得钱款全部归他所有（我当时同意最后兑欠账）。××××年5月，他见经营利薄就解散雇员退还了厂房。××××年10月，我约他来我家算账，账目结果为我欠他435元。后因一件小事争吵，我向他索要我出具的那3张货条，他说“丢了”；我让他在账单上签字，他赌气不签。后来，他即以说是“丢了”的3张货条为据向法院提起诉讼，状告我仍欠他1 819元钱。

上述事实，本可以通过法庭辩论和各方证据得到证实。但该法院某法官收了李××的礼，便不听辩论、不顾事实、不作调查，向李××表态说“只要有欠条，我就能判他败诉”。我虽再三陈述争辩，后该法官仍然判决我欠李××1819元钱、银行利息800元，诉讼费全部由我承担。

以上事实说明，该法院判决的确不公。为维护法律的尊严和我个人的利益，今向贵院提出申诉请求。恳请贵院明察秋毫，伸张正义。

此致

曲阜市人民法院

申诉人：陈××

××××年××月××日

附：1. 李××与孔××签约合同壹份；

2. 房××证言壹份；

3. 账单壹份。

例文二

刑事申诉状

申诉人：陈××，男，21岁，汉族，原系××市××机修厂工人，现住××市××路×号。

申诉请求：请求撤销编号［20××］刑字第××号判决。

申诉事实与理由：20××年××月××日，我被××市××区人民法院按伤害罪，以［20××］刑字第××号判决书判处有期徒刑3年。原审所认定的我于20××年××月××日持水果刀将王××手臂刺伤的情况是事实。但是有如下两点不当：

1. 判决书认定的某些事实不清。×月×日晚，因我家与王家发生纠纷，王家兄弟两次冲入我家先动手打人，将我打成右眼下部皮肤裂伤。这些情节在判决书中只字不提，不符合“以事实为依据”的审判原则。

2. 定性不准，处理不当。我与王××同住一层楼，是邻里关系。陈、王两家发生的只是邻里纠纷。双方在扭打中互有伤害，且事后我主动到派出所认错，并拿出1 000元作为对方的医药、营养费的补偿，还作了书面检查。本来完全可以调解处理。可是我却被你院以伤害罪判处有期徒刑3年，不符合“以法律为准绳”的审判原则。

为此，特请求人民法院对我的案件重新审查，予以纠正。

此致

××市××区人民法院

申诉人：陈××

××××年××月××日

附：1. 原判决书副本1份；

2. 证人郑×、刘××的情况简介。

例文三

刑事附带民事申诉书

申诉人：李××，女，汉族，1960年2月9日出生，住××镇东环北里5号。

申诉人不服××区人民法院作出的（2008）×刑初字第×号刑事附带民事判决书，特向贵院申诉，恳望贵院予以抗诉。

申诉理由：

原判决量刑过轻。

申诉人认为应当对被告人从重判处刑罚，而原判决仅判处被告人二年六个月的刑罚，显属量刑过轻。

通过侦查机关的侦查工作和庭审完全查明了被告人的犯罪事实。申诉人认为有以下几个恶劣情节，应当对被告人从重判处刑罚。

（一）被告人犯罪的主观恶性极深，被害人无辜受难。

被告人在深夜入室行凶，很可能导致难以救治的后果。

（二）被告人纠集多人持械行凶，且案发后隐瞒犯罪事实，拒不交代同案共犯，认罪态度极为恶劣。

有大量证据证实被告人伙同他人犯罪，但被告人在数次供述及庭审中均不如实供述。

（三）被告人的行为造成了严重的后果。由于被告人的行为给申诉人造成了轻伤的严重后果，而被告人却逃离现场，逍遥法外长达7年之久。

（四）被告人的行为导致申诉人长期不能工作，给申诉人在经济上造成了巨大的损失，但被告人却没有给予申诉人任何补偿，可见其对其犯罪行为没有一丝悔意。

由以上可以看出被告人的主观恶性极深，应当严惩。而本案中对被告人仅判处二年六个月的刑罚，显然是量刑过轻，不能达到惩罚犯罪的目的。所以特向贵院申诉，恳望贵院能够抗诉。

此致

××区人民法院

申诉人：李××

××××年××月××日

［**点评**］

上述三篇例文格式规范，在正文的“事实和理由”部分依事据理，举以实证，层层深入，有理有据。侧重于客观事实的陈述，陈述事实时，能注重抓关键环节，辅以必要的事理分析，显得理清事明。

练　　习

一、简答题

1. 什么是申诉状？它有什么作用？

2. 申诉状的正文部分应写明哪两项内容？

二、修改题

修改下面的申诉状。

民事申诉状

申诉人：段××（被申诉人的继母），女，52岁，汉族，××市××区鞋厂女工。

案由：我因“柴××继承房屋产权”案不服××人民法院（20××）××字第××号民

事判决，现申诉如下：

一、我和柴××婚姻关系存续期间所买的两间房屋是我自己的血汗钱，当时拖欠的钱，也是我本人偿还的。

二、买房子时，我的故夫、被申诉人的父亲柴×向我表示，他不愿买这两间房子。

三、一审、二审法院认定事实，援引法律条文，不顾我提供的事实，一股脑下判，对这样的判决，我不能信服。

根据以上理由，请高级人民法院重新依法判处，保护公民合法财产。

此致

××××人民法院

申诉人：段××

××××年××月××日

三、写作题

请针对起诉状的例文一，代被告人写一份申诉状。